Hans Koschnick, Jens Schneider:

Brücke über die Neretva

Hans Koschnick, Jens Schneider:

Brücke über die Neretva

Der Wiederaufbau von Mostar

Mit Fotos von Uli Reinhardt
und Karten von David Jenning

Deutscher Taschenbuch Verlag

Originalausgabe
November 1995
© 1995 Deutscher Taschenbuch Verlag GmbH & Co. KG, München
© der Abbildungen: Uli Reinhardt (wenn nicht anders vermerkt)
Umschlaggestaltung: Klaus Meyer
Umschlagfoto: Süddeutscher Verlag, Bilderdienst
Gesamtherstellung: Kösel, Kempten
Printed in Germany · ISBN 3-423-30496-0

Inhalt

Kapitel 1

Jens Schneider: Die Brücke

Als es dunkel wird, beginnt das Kino in der Ruinenstadt. Vor der großen weißen Leinwand an einem kleinen Park an der Hauptstraße von Ost-Mostar, der früheren Marschall-Tito-Straße, versammeln sich mehr als hundert Mostarer. Es ist Ende Juli im Jahr 1994, in diesen Tagen soll der Deutsche Hans Koschnick sein Amt als Verwalter in der bosnischen Stadt antreten. Im zerstörten Osten der Stadt, wo im Krieg kein Haus heil geblieben ist, wohnen fast ausschließlich Muslime – ohne Strom und sauberes Wasser in feuchten Kellern und engen Notunterkünften. Das Freiluftkino ist am Abend die einzige Attraktion. Um 21 Uhr, als die Sonne versunken ist, läuft der Projektor an, gezeigt wird fast an jedem Abend der gleiche Film. Er stammt aus dem November 1993, gedreht hat ihn ein ausländisches Fernsehteam.

Der Dokumentarfilm zeigt, wie die historische *stari most*, die alte Brücke aus dem Jahr 1566, von kroatischer Artillerie beschossen wird. Mit jedem Treffer wird sie brüchiger, schließlich fällt die *stari most* in sich zusammen. Einige der Zuschauer haben diese Bilder schon oft gesehen, drei-, vier- oder sogar fünfmal. Wenn auf der Leinwand die letzten Steinbrocken der alten Brücke in den Fluß Neretva stürzen, stöhnen einige auf; andere starren reglos, mit offenem Mund, auf die Bilder. Als würde das Wahrzeichen ihrer Stadt gerade in diesem Moment zerstört. Es war der

9. November 1993. An diesem Tag wurde das Schicksal der Stadt besiegelt, sagen viele Mostarer.

Wohl niemals werden sich die Mostarer darüber einigen können, wie der Krieg anfing. Viele sagen: Angefangen haben die anderen. Nur wenige zucken hilflos die Schultern und gestehen ein, daß sie eigentlich nicht wissen, wie alles anfing und wer den ersten Schuß abgab. »Vielleicht waren es sogar unsere eigenen Leute?« fragen sie. Manche Mostarer behaupten, der Krieg zwischen Serben, Kroaten und Muslimen habe eigentlich vor ewigen Zeiten begonnen – vor Jahrhunderten, als die Türken kamen, oder im Zweiten Weltkrieg, als die von den Deutschen und Italienern unterstützten kroatischen Ustaschi-Faschisten, die serbischen Tschetniks und Titos Partisanen hier kämpften. Damals ermordeten die Ustaschi in Jugoslawien Tausende Serben, Zigeuner und Juden. Über die genaue Zahl der Opfer herrscht Unklarheit, so wie es auch keine genauen Zahlen über die Opfer der folgenden blutigen Rache gab – und wer Kroaten, Muslime und Serben heute über diese Zahlen erbittert streiten hört, muß meinen, die Geschichte habe hier nie Geschichte werden dürfen.

Viele sprechen vom Leid ihrer Vorfahren, als sei alles nur einen Tag zuvor passiert und alles, was heute geschieht, eine notwendige Folge der Vergangenheit. Jede Familie hier hat ihre eigene Wahrheit, manche sogar zwei – meist handelt sie allein vom Leid, das die eigenen Leute erfahren haben. Also werden sie sich wohl nie einig werden über die Frage, wie alles anfing. Aber wenn nach dem Tag gefragt wird, an dem die Stadt starb, geben viele die gleiche Antwort. »Der Tag, an dem die alte Brücke zerstört wurde, war der Todestag unserer Stadt«, sagt der kroatische Franziskaner-Pater Daniel. »Wenn ein Notarzt einen Patienten auf der Intensivstation beobachtet, sucht er nach Indizien, die ihm bestätigen, daß sein Patient noch am Leben ist. Er prüft, ob das Herz schlägt. Und solche Indizien gibt es auch bei einer Stadt. Eines davon war die alte Brücke. Als sie fiel, war das Herz der Stadt Mostar zerstört.«

Viele Kroaten werden verlegen, wenn sie auf die Zerstörung der Brücke durch kroatische Soldaten angesprochen werden. Zur Rechtfertigung verweisen manche auf Taten der anderen Seite, andere erklären den Beschuß als militärische Notwendigkeit. »Die Muslime haben ihre Frontkämpfer auf der Westseite über diese Brücke versorgt. Deshalb mußte sie zerstört werden«, sagt ein Kroate, der den ganzen Krieg über unweit der Front am Westufer lebte und sich seit langem in der nationalistischen kroatischen Partei »Kroatische Demokratische Gemeinschaft« HDZ engagiert. Über dem Sofa im Wohnzimmer hängen Ölbilder von der *stari most*. »Aber das bedeutet nichts«, sagt er. »Die sind von früher.« Doch abgehängt hat er die Bilder nicht.

Im Jahr 1566 wurde die *stari most* vom Baumeister Hairuddin im Auftrag des türkischen Sultans Süleyman über die schmale, reißende Neretva gezogen, den eisigkalten, eigenartig grün schimmernden Gebirgsfluß, der nur selten stark anschwillt, »von den Tränen der bosnischen Mädchen«, wie es in einem alten Buch heißt.

Schon die Jahre des Baus der *stari most* sind mit Legenden umwoben. Als am Ende der Bauzeit die Stützpfeiler von der Brücke entfernt werden sollen und sich herausstellen muß, ob die gewagte Konstruktion halten wird, ist der Architekt Hairuddin plötzlich verschwunden, heißt es. Der Erzählung zufolge hatte der Sultan gedroht, seinen Architekten enthaupten zu lassen, falls die Brücke nicht standhalten sollte. Der Baumeister selbst traut dem kühnen Bauwerk mit dem gewagten Rundbogen nicht, schließlich ist eine erste Konstruktion Hairuddins bereits in sich zusammengebrochen. Also hat er sich auf dem Friedhof versteckt und dort weinend sein Grab ausgehoben. Erst nach langer Suche finden ihn die Diener des Sultans.

Die Brücke hält stand, der Baumeister Hairuddin wird vom Sultan reich belohnt. Schnell wird seine Konstruktion, wegen ihrer Form »steinerner Halbmond« genannt, zu einem der berühmtesten Bauwerke des Balkans. »Von überall her« kommen Wesire, Edelleute und Würdenträger, um sich am Anblick der Brücke zu erfreuen, schreibt der türkische Reiseschriftsteller Evliya Celebi Ende des 17. Jahrhunderts. Er berichtet, wie die Mostarer Kinder vom Rand der Brücke in die Neretva springen, fünfundzwanzig Meter hinunter: die einen kopfüber, die anderen im Türkensitz, andere wieder hüpfen zu zweit oder dritt hinunter. Wieder oben angekommen, nehmen sie dann die Belohnungen der Wesire und Würdenträger entgegen.

Rund um die Brücke wächst die Herzegowina-Metropole Mostar heran – das Wort *most* bedeutet Brücke. Direkt an der Neretva entsteht das Handwerkerquartier Kujundziluk, das Handelsviertel Carsija wächst heran, am Ostufer werden prachtvolle Moscheen, orientalische Herbergen und Badehäuser gebaut, die Hauptmoschee Karadjoz-Beg entsteht im Jahr 1570. Heute sind alle Moscheen der Stadt zerstört, ihre Minarette geköpft. »Die Serben und Kroaten haben es darauf angelegt, alle Spuren unseres Erbes zu vernichten«, sagen die Muslime. »Deshalb steht keine der Moscheen mehr. Deshalb ist das orientalische Alt-Mostar zusammengeschossen worden.«

Bosnien-Herzegowina wird 1878 beim Berliner Kongreß unter Habsburgische Verwaltung gestellt, am 5. August kommen die Österreicher nach Mostar. Von ihrer Herrschaft, die bis zum Ende des Ersten Weltkriegs dauert, zeugen typisch habsburgische Bauten wie das Hotel Neretva direkt am Fluß oder das alte Gymnasium im Westteil Mostars – von beiden steht heute nur noch die Fassade. Große Löcher klaffen in den Wänden. Unter Habsburger Herrschaft entwickelt sich Mostar auch zu einem Standort für Industrie; durch den Bau der Eisenbahnlinie von der Adria nach Mostar und weiter nach Sarajewo wächst die Bedeutung der Stadt.

Mostar ist mittlerweile zum Zentrum für drei Religionsgruppen geworden: ein Fixpunkt der herzegowinischen Muslime und zugleich Bischofssitz für die Katholiken und die orthodoxen Serben – die Kathedrale und die hochgelegene alte serbische Kirche prägen das Stadtbild ebenso wie die Minarette der Moscheen. Nach den beiden Weltkriegen siedeln die Sozialisten zahlreiche Industriebetriebe an, errichten sogar einen kleinen Flughafen und ein Flugzeugwerk, das die Streitkräfte der Jugoslawischen Armee ausrüstet. Später entstehen ein Aluminiumkombinat und weitere große Fabriken, die eine ausgedehnte Industriezone am Stadtrand bilden. Zugleich ist Mostar Zentrum für die Landwirtschaft, der trockene Weißwein *Zilavka* und der dunkle Rote *Blatina* kommen von hier. Im Industriegebiet liegen auch die Anlagen des Agrokombinats *Hepok*, wo bis zum Krieg die reichen Fruchternten aus dem Umland verarbeitet wurden. Vornehmlich westlich der Neretva entstehen gegenüber der historischen Altstadt der

Ostseite triste Hochhäuser für die neuen Arbeitskräfte in der schnell wachsenden Stadt.

Bei der letzten Volkszählung vor dem Krieg werden 126 000 Einwohner registriert – nach eigenem Bekenntnis sind 34,8 Prozent Muslime, 33,8 Prozent Kroaten, 19 Prozent Serben. 12,4 Prozent gehen als »sonstige« in die Statistik ein – die meisten von ihnen betrachten sich als Jugoslawen. Meist handelt es sich um Männer und Frauen aus gemischten Ehen oder deren Kinder; sie fühlen sich keiner der drei Volksgruppen zugehörig. Die Zahl der gemischten Ehen liegt vor Kriegsbeginn aber noch weitaus höher – in kaum einer anderen Stadt Bosniens haben sich die Unterschiede zwischen Muslimen, Serben und Kroaten so sehr verwischt, sind die Volksgruppen so eng miteinander verflochten. Fast zwei Drittel aller jungen Ehen werden von Frauen und Männern aus verschiedenen Volksgruppen geschlossen, erzählen die Mostarer heute nach dem Krieg. Die Frage der Volksgruppe spielte keine Rolle. »Du warst kein Kroate oder Serbe oder Muslim. Du warst ein Mostarac, stolz, aus dieser Stadt zu kommen.«

»Die Leute nennen Sarajewo gern als Beispiel für das multikulturelle Zusammenleben. Aber das wirklich beste Beispiel war Mostar – dort spielte die Volksgruppenzugehörigkeit nur noch eine geringe Rolle«, erzählt ein angesehener serbischer Journalist. Nur schwer lassen sich vor Kriegsausbruch einzelne Wohnviertel den Volksgruppen zuordnen – nur, daß im Osten mehr Muslime, im Westen dafür mehr Kroaten leben. Und doch gibt es latente Spannungen, agitieren auf allen Seiten Nationalisten, die unbeglichene Rechnungen aus der Vergangenheit reklamieren und beklagen, daß gerade ihr Volk unterdrückt werde – so wie jener Kroate, der uns an einem Abend ausführlich vor-

Hans Koschnicks Amtseinführung (vo. Klaus Kinkel, 2. v. li. Franjo Tudjman)

Safa, der letzte Händler auf der Westseite der alten Brücke (Foto: Jens Schneider)

rechnet, daß außergewöhnlich viele Straßen muslimische Namen trügen und viel zu wenige an kroatische Helden erinnerten. Den ganzen Stadtplan hat er ausgewertet, jeden Straßennamen auf seine Herkunft geprüft und dann genau die Anteile der Volksgruppen berechnet. »Sehen Sie, ich kann alles beweisen«, sagt er am Ende seines Vortrags. »Wir Kroaten sind immer unterdrückt worden.«

Die alte Brücke ist über vierhundert Jahre lang das Zentrum der Stadt, Treffpunkt besonders für die Jugendlichen. Sie wird einfach die »Alte« genannt: Die Jugend verabredet sich an der Alten, badet unten in der kalten Neretva, hier bestehen die Jungen ihre Mutprobe: Wer wagt es, hinunter zu springen?

Wettbewerbe werden ausgeschrieben, die waghalsigsten Springer einer Generation sind oft stadtbekannt. Das Springen ist für sie ein einträgliches Geschäft: Sie lassen sich ihren Wagemut von den Touristen honorieren – erst wenn die Besucher aus Europa genug Dinar spendiert haben, springen die jungen Männer hinab.

Die Brücke wird Weltkulturdenkmal und zieht Jahr für Jahr Tausende von Touristen an. »So viele Fremde haben uns hier besucht«, sagt Safa, ein muslimischer Händler, der seit über zehn Jahren seinen kleinen Verkaufsstand in einer Gasse hinter der alten Brücke unterhält. Sobald die Waffen schwiegen, ist er als einer der ersten zurückgekehrt, hat den kleinen Laden jeden Tag aufgemacht und seine Kaffeemühlen, Schalen und Armreifen aus Kupfer zum Verkauf ausgestellt. »Sie kamen aus Nürnberg und Heilbronn, Wisconsin und Paris«, erinnert er sich an die Zeit vor dem Krieg. »Sie haben hier mit mir Kaffee getrunken und stundenlang geplaudert. Und so viele haben mir geschrieben. Einmal werde ich alle Briefe hier an die Wand hängen als

eine kleine Ausstellung – und dann frage ich, wo sie alle
geblieben sind, als hier der Krieg ausbrach! Keiner hat mir
da noch geschrieben. Keiner hat gefragt: ›Wie geht es dir,
Safa?‹«

Die alten, kleinen Häuser rund um die *stari most* sind
Ende Juli 1994 fast alle zerstört, außer Safa sind nur
wenige Händler zurückgekehrt. Am Westufer, dort wo
die Muslime einige Straßenzüge halten, ist er der einzige.
»Ja, wir haben hier alle gut zusammengelebt«, sagt Safa.
Er springt aus seinem Laden und zeigt auf die kleinen
Läden ringsherum, die alle durch Granattreffer entstellt
sind. »Dort hatten zwei aus dem Kosovo ihren Laden,
gleich neben mir war Mili, ein kroatischer Goldschmied.
Uns war egal, was einer ist – wir haben es gewußt, aber
nicht daran gedacht. Dort, die Gasse hinauf, hatte ein
Serbe sein Restaurant. Ein feiner Kerl. Der ist jetzt drüben.« Safa zeigt nach Osten, deutet über die Berge
hinweg. »Er ist zu seinen Leuten gegangen. Aber nicht,
weil er gehen wollte, sondern weil er sich dort sicherer
fühlte.«

Der serbische Nachbar verläßt – wie viele andere Serben – 1992 die Stadt, als der erste Krieg in Mostar eskaliert.
Der erste Krieg, so nennen die Mostarer die Kämpfe zwischen serbischen Einheiten auf der einen und kroatischen
und muslimischen Kämpfern auf der anderen Seite. Zu
Spannungen kommt es in der Herzegowina-Hauptstadt
bereits Ende 1991, als im benachbarten Kroatien heftig
gekämpft wird, in Bosnien-Herzegowina aber noch weitgehend Ruhe herrscht. Bewaffnete Gruppen terrorisieren
die Stadt, immer wieder sind Explosionen und Schüsse zu
hören. Die Jugoslawische Armee beordert Einheiten nach
Mostar, die Lage ist angespannt. Die Unruhe in Mostar läßt

die Menschen überall in Bosnien fürchten, daß sie mit einem Krieg rechnen müssen.

Im April 1992 bricht fast zeitgleich mit der Unabhängigkeitserklärung von Bosnien-Herzegowina im ganzen Land der Krieg aus, innerhalb weniger Monate nehmen serbische Freischärler, unterstützt von der Jugoslawischen Armee, etwa siebzig Prozent des bosnischen Territoriums ein. In Mostar startet die serbisch dominierte Armee im April aus ihren Kasernen heraus ihren Großangriff – vorgeblich um die Ruhe wiederherzustellen – und kontrolliert bald das linke Ufer der Neretva mit der historischen Altstadt, von dort dringt sie in den Westteil vor.

Im Juni folgt der Gegenschlag der Kroaten und Muslime. Am 16. Juni kommt es zu den heftigsten Gefechten, bei denen viele historische Gebäude im Ostteil beschädigt werden. »Urbizid« (Städtemord) nennen die Mostarer den Feldzug der Serben: »Es war ein geplanter Vernichtungsfeldzug gegen die Stadtkultur.« Gemeinsam listen kroatische und muslimische Architekten später in einem Dossier auf, wie die serbischen Soldaten gezielt die historischen Bauwerke der Stadt bombardiert haben. »In Mostar waren die Brücken heilig«, schreiben die Architekten. Doch neun der zehn Neretva-Brücken werden von Ende Mai bis Mitte Juli zerstört. Auch die alte Brücke wird von Granaten getroffen, hält aber stand.

Am 18. Juni ziehen sich die Serben aus der Stadt in die Berge zurück. Der erste Krieg findet sein Ende – doch Ruhe herrscht nicht. Aus ihrer Stellung in den Bergen schießen sie weiter Granaten auf die Stadt ab. »Zum Glück blieben Stadtpläne und Verteidiger der Stadt noch da«, schreiben die muslimischen und kroatischen Architekten in ihrem Buch. Sie versprechen: »Mostar wird wieder eine Stadt sein, wo sich Kulturen treffen, deren Einklang in den Fundamenten der Stadt sichtbar ist.«

Doch schon sind jene Spannungen gewachsen, die den »zweiten Krieg« auslösen werden: den Kampf zwischen Muslimen und den Kroaten. Da brüsten sich die Kroaten, sie hätten allein die Serben aus der Stadt getrieben. »Die Muslime haben nicht gekämpft. Sie haben sich nur von uns versorgen lassen«, erzählt später ein kroatischer Priester. »Ich habe gehört, wie ein muslimischer Professor zu seinem Freund sagte: ›Unser Krieg wird noch kommen.‹«

Argwöhnisch werden die Muslime beobachtet, kroatische Nationalisten verbreiten Furcht und spielen mit latenten Ängsten: Die Muslime wollten die Stadt beherrschen, immer mehr muslimische Flüchtlinge kämen in die Stadt, dadurch würde das Gleichgewicht zwischen den Völkern zerstört.

Aus Sicht der Muslime handelt es sich um wohlfeile Rechtfertigungen kroatischer Extremisten, die ihrerseits die Vorherrschaft in der Herzegowina-Hauptstadt anstreben. Die Kroaten hätten sich mit den Serben auf eine Teilung der Stadt geeinigt, fürchten sie. »Die Serben haben wie auf Absprache die Stadt verlassen«, sagt ein muslimischer Soldat und erinnert an die Berichte über Absprachen zwischen Serben und Kroaten. Ihre Führer, der Serbe Radovan Karadzic und der Kroate Mate Boban, sollen sich bereits getroffen haben, um Bosnien-Herzegowina untereinander aufzuteilen. Ein geheimes Treffen der beiden am 6. Mai 1992 im österreichischen Graz ist verbürgt (wobei sie sich angeblich ausgerechnet über die Teilung von Mostar nicht einigen konnten).

Doch ob verbürgt oder nicht – es geht nicht so sehr um Fakten. Gerüchte und Legenden, Verdacht und Mißtrauen

sind viel bestimmender, fast jeder in der Stadt hat Beäng-
stigendes gehört oder aufgeschnappt. Meldungen über Ex-
zesse von uniformierten Banden häufen sich. Und es werden Tatsachen geschaffen: Die Kroaten der Herzegowina,
die als besonders nationalistisch gelten, rufen am 3. Juli
1992 die »Kroatische Republik *Herzeg-Bosna*« aus und erklären Mostar zur Hauptstadt. In der Herzegowina wird
immer offener mit Landkarten gehandelt, auf denen fast
ganz Bosnien-Herzegowina den Kroaten zugeschlagen
wird und den Muslimen nichts bleibt.

Im Mai 1993 bricht der zweite Krieg von Mostar offen
aus, er wird weitaus schlimmer, als es der erste war. »Am
8. Mai haben Mili und ich noch im Restaurant von Edo ge-
soffen und gelacht wie immer«, erinnert sich Safa. »Es ging
bis zwölf Uhr nachts. Am nächsten Tag kamen die Granaten, und Mili war verschwunden.« Safa vermutet, daß der
Kroate gewarnt wurde und in den Westteil gezogen ist.
Am 9. Mai 1993 schließen die Kroaten einen Belagerungsring um den Ostteil von Mostar; mehrere tausend Muslime
sind links der Neretva eingeschlossen – mit den Serben auf
den Bergen im Rücken. Die Mehrzahl der Belagerten sind
Flüchtlinge aus anderen Teilen Bosniens.

Kroatische Extremisten holen im Westteil der Stadt Tausende Muslime aus ihren Wohnungen und treiben sie in
Lager zusammen. Viele werden später durch das Gefechts-
feuer auf die andere Seite geschickt. Muslime, die in Ost-
Mostar bleiben können, leben in großer Angst. Gesprächen
mit ausländischen Reportern weichen sie aus. »Im ersten
Krieg haben wir den Namen meines Mannes an das Tür-
schild geklebt, weil er ein Muslim ist – und ich Serbin«,
beschreibt eine Dolmetscherin die Absurdität der soge-
nannten ethnischen Säuberung. »Damals waren die Serben

die Feinde, den Muslimen wurde nichts getan. Nun aber kam mein Schild an die Wohnungstür. Denn plötzlich lebten die Serben in West-Mostar sicherer. Verfolgt wurden die Muslime.«

Mostar steht lange Zeit abseits von der Weltöffentlichkeit. Die Belagerung der Muslime im Ostteil der Stadt wird kaum wahrgenommen – weil die Serben nicht beteiligt sind, meinen Beobachter: Der Krieg zwischen Muslimen und Kroaten passe nicht in das Konfliktmuster, das sich den Menschen eingeprägt hat, wonach stets die Serben belagern, plündern, vertreiben. »Und wir sind weitab von Sarajewo. Die meisten Journalisten sitzen dort im Holiday Inn und bekommen nicht mit, was hier passiert«, sagt Jerrie Hulme. Der Brite koordiniert während der Belagerung für das Weltflüchtlingswerk UNHCR die Hilfe für Mostar. Er gilt heute als Mostar-Veteran, weil er den ganzen zweiten Krieg über vor Mostar ausharrte und immer wieder versuchte, Hilfsgüter in den belagerten Ostteil zu bringen. »Mostar ist schlimmer als Sarajewo«, sagt Hulme im Herbst 1993. In Sarajewo können die Menschen aus der Luft und über Landtransporte notdürftig versorgt werden, und es gibt Winkel, in denen man vor Granaten weitgehend geschützt ist. In Ost-Mostar gibt es die nicht.

Nur mühsam gelingt es Hulme und seinen Leuten in dieser Zeit, Hilfskonvois in den Ostteil zu bringen. Von manchen Kroaten werden er und seine Leute beschimpft: »Ihr verlängert den Krieg!« Die Lieferungen reichen bei weitem nicht aus, um die Menschen im Ostteil zu versorgen, die täglich dem Granathagel und den gezielten Schüssen der Sniper, wie die Scharfschützen von den Bosniern genannt werden, ausgesetzt sind. Zu Anfang des Winters 1993 werden von den Muslimen aus Ost-Mostar erste

Hungertote gemeldet. Jerrie Hulme läßt sich von den Ärzten im belagerten Ost-Mostar Totenscheine zeigen. »Sehen Sie hier: ein Junge, gestorben an Unterernährung, ein alter Mann, wieder ein kleines Kind. Das erscheint mir sehr glaubwürdig. Die Lage ist wirklich sehr dramatisch. Besonders in den Randgebieten der Stadt können die Menschen nicht versorgt werden.«

Die Frontlinie zwischen Muslimen und Kroaten liegt nur wenige hundert Meter westlich der Neretva. Es ist also nicht der Fluß, der die Stadt teilt, sondern die Muslime halten im Westen noch einen kleinen Brückenkopf. Hier liefern sich ihre Soldaten heftige Gefechte mit den Kroaten; auch sie zielen – obwohl weitaus schlechter bewaffnet – mit ihren Geschützen auf die Wohnviertel im Westteil. Doch dort ist die Bedrohung weitaus geringer; auf der belebten Hauptstraße, ein paar Schritte von der Frontlinie entfernt, sitzen junge Soldaten in den Cafés, in einigen Boutiquen gibt es Mode aus Italien für Deutsche Mark, fein gekleidete junge Damen flanieren durch die Stadt. Die Frisuren perfekt, das Make-up mondän – es ist, als wollten die Frauen die Rückkehr der Normalität durch ihr Äußeres erzwingen.

Im Osten leben die Menschen in Kellern; wer sich ins Freie wagt, rennt, um nicht von Scharfschützen getroffen zu werden. Die alte Brücke ist mittlerweile die letzte feste Verbindung zwischen beiden Ufern. Die *stari most* ist durch Granateinschläge beschädigt und wurde mit Eisenstangen, Brettern und Bohlen notdürftig geflickt – alte Autoreifen sollen gegen Granaten schützen. Die Kroaten haben den Muslimen Strom und Wasser abgedreht, der einzige Weg zu einem Brunnen führt vom Ostufer über die alte Brücke in den kleinen, von den Muslimen gehaltenen

Streifen auf der Westseite. Im Fadenkreuz der kroatischen Scharfschützen müssen die Muslime fast täglich über die Brücke; immer wieder kommen Menschen beim Wasserholen um.

Auch Safa muß oft über die Brücke; wenn er heute – in den Zeiten des Waffenstillstands – über die provisorische Hängebrücke zieht, die nach der Zerstörung errichtet wurde, beschleunigt sich sein Gang unwillkürlich, am Ende rennt er, obwohl keine Gefahr mehr besteht. Andere Mostarer trauen sich gar nicht mehr hinüber. Alte Frauen sind zu sehen, die minutenlang stumm und reglos auf die andere Seite blicken und dann plötzlich umkehren. Nicht die wacklige Hängebrücke hält sie ab hinüberzugehen, sondern die Erinnerung.

Am 9. November 1993 schließlich fällt die alte Brücke den Geschossen der Kroaten zum Opfer. »Ich kann mich noch genau an den Tag erinnern«, berichtet Safa. »Ich konnte sehen, wie das Geschütz plötzlich geschwenkt wurde.« Nicht nur die Muslime, auch viele Kroaten sind entsetzt. »Das kann kein Mostarer gewesen sein. Der Schütze kommt von außerhalb«, ist in den Tagen danach in West-Mostar von Kroaten zu hören. In Zagreb schreibt die staatsnahe Tageszeitung ›Vjesnik‹: »Die Täter sind unter uns.« In Kroatien entzündet sich eine Diskussion über die eigene Rolle im Bosnien-Konflikt, internationale Kritik wird laut: Haben die Kroaten, die noch im Krieg in der eigenen Republik nur als Opfer galten, in Bosnien ihre Unschuld verloren?

In Zagreb wächst in dieser Zeit die Bereitschaft zur Verständigung mit den Muslimen – auch weil der Krieg eine Wende genommen hat. In anderen Teilen Bosnien-Herzegowinas – besonders in Zentralbosnien – fallen immer mehr kroatische Zivilisten muslimischer Vertreibung zum Opfer. Die internationalen Vermittler bemühen sich, zwischen den Gegnern zu schlichten – und drohen, wie später zu erfahren ist, vornehmlich den Kroaten Sanktionen an. Nach mehreren Anläufen wird am 18. März 1994 das Washingtoner Abkommen zwischen Kroaten und Muslimen unterzeichnet. Es sieht die Gründung einer Föderation beider Seiten vor, die Föderation soll sich später zur Konföderation – einem losen Staatenbund – mit Kroatien zusammenschließen. Beiden Seiten wird massive Aufbauhilfe zugesagt.

Für Mostar wird eine Idee wieder ins Gespräch gebracht, die bereits im ersten Friedensplan der Vermittler Cyrus Vance und David Owen auftauchte und nun besonders stark von deutscher Seite unterstützt wird: Die Stadt soll für zwei Jahre unter Verwaltung der Europäischen Union gestellt werden und währenddessen wieder zusammenwachsen. Bereits im Herbst, so stellt sich nun heraus, waren die Kriegsparteien mit einer entsprechenden Bitte an die Europäische Union herangetreten. Auf Wunsch der beiden Kriegsparteien wird nach einem deutschen Administrator gesucht: Die Bundesregierung schlägt Mitte März den früheren Bremer Bürgermeister Hans Koschnick vor. Der sozialdemokratische Bundestagsabgeordnete hat den Ruf, als begabter Organisator und Vermittler eine große Stadt führen zu können, auch dann, wenn sich verschiedene Gruppen erbittert bekämpfen. Koschnick hat als stellvertretender Vorsitzender des Auswärtigen Ausschusses des Bundestages außenpolitisches Renommee und kennt sich im früheren Jugoslawien aus – und, so heißt es in Bonn, er gilt als unfähig, sich Feinde zu machen.

Am 28. März verständigen sich die Außenminister der Europäischen Union bei einem Treffen im griechischen Ioannina auf Koschnick. Bereits Mitte Mai soll der Administrator sein Amt antreten, doch seine Ankunft verschiebt sich immer wieder – besonders weil die Konfliktparteien sich mißtrauen und über die Entmilitarisierung der Stadt nicht einigen können. Erst am 10. Juni wird die Vereinbarung über die Administration unterzeichnet – das *memorandum of understanding*, wie das Papier heute von allen Seiten genannt wird. Es stattet den Administrator in seinen zweiundzwanzig Artikeln mit weitreichenden Rechten aus, wobei er aber ausdrücklich die Wünsche der örtlichen Parteien und der Bevölkerung berücksichtigen soll. Das Memorandum fordert die Administration auf, die entsprechende Atmosphäre zu schaffen, damit die Stadt bald wieder von einer einheitlichen, eigenständigen, multiethnischen Verwaltung geführt werden kann. Sie soll freie Wahlen vorbereiten, die vor dem Ende ihrer Amtszeit stattfinden müssen, soll den Flüchtlingen zur Rückkehr in ihre Häuser verhelfen und die öffentliche Ordnung wiederherstellen helfen. Dazu gehört der Aufbau einer gemeinsamen, einheitlichen Polizei beider Stadthälften, die die Zusammensetzung der Bevölkerung widerspiegeln soll.

Nachdem er zuvor schon einige Male zu Vorgesprächen in Mostar war, tritt Koschnick am 23. Juli sein Amt an. In der Stadt ist seit dem Waffenstillstand vom Frühjahr Ruhe eingekehrt – eine Ruhe indes, der beide Seiten noch immer mißtrauen. Weiter belauern sich die Soldaten von Ost und West, manchmal drücken sie ab und schießen wahllos auf Zivilisten. Noch immer werden Muslime von uniformierten Banden aus dem Westteil vertrieben. Aber die Kroaten lassen Hilfstransporte in den Ostteil und gestatten einen kleinen Grenzverkehr: Zuerst wird nur ein Zelt an der Waffenstillstandslinie aufgebaut, wo sich Familien und Freunde, die durch den Krieg getrennt wurden, für kurze Zeit wiedersehen können. Bald darauf gestatten die kroatischen Behörden täglich wenigen Frauen, alten Männern und Kindern den Besuch im Westteil.

Zwei Tage vor Koschnicks Ankunft haben an der alten Brücke auf der Ostseite die ersten Cafés zwischen Ruinen wiedereröffnet, zuerst das »Lokomotive«, dann das »Rock-Café«. Die Besitzer haben blaue und gelbe Farbe in Kellern gefunden und die Gebäude angestrichen, es sind zwei skurrile Farbtupfer zwischen all den grauen, zerlöcherten Häusern, von denen der Putz abgefallen ist. Im Rock-Café, aus dem donnernde Hard-Rock-Musik dröhnt, arbeitet Roko. »Vor dem Krieg war ich Brückenspringer«, erzählt der junge Mann. Weil es Deutsche Mark bringt und sich ohne D-Mark in Ost-Mostar nichts bewegen läßt, ist Roko in den letzten Wochen noch ein paarmal gesprungen. Er ist auf die wacklige Hängebrücke gestiegen und in die Neretva hinuntergetaucht, sobald der Kameramann das Signal gab. Bis zu hundert Mark haben ihm die ausländischen Kriegsberichterstatter dafür bezahlt. »Aber es war nie so wie früher«, sagt er. »Ich habe keine Lust mehr. Es gibt die alte Brücke nicht mehr, also gibt es auch keine Brückenspringer mehr.«

Außer den Cafés haben Trödler wie Safa und auch einige Souvenirläden wiedereröffnet; ein alter Mann hat einen Ständer mit Postkarten aus der Vorkriegszeit an die Rumpfwände seines Shops gehängt, gegenüber will ein Händler alte Kaffeemühlen aus Kupfer an die Journalisten und Aufbauhelfer verkaufen, die vorbeikommen. Mehr

Absatz finden die Geschosse, die er in Trümmern gesammelt und geputzt hat, er nennt sie »Andenken von Milosevic und Tudjman« – dem serbischen und dem kroatischen Präsidenten. Auch der Künstler Ramiz Pandur ist in seinen Laden zurückgekehrt. Er hat die zerstörten Fenster durch Plastikfolie ersetzt, zwei befreundete Handwerker reparierten das Schieferdach. Ramiz Pandur hatte seine wertvollen bemalten Kaffeesets und den feinen Schmuck nach Hause gebracht, als der Krieg hier an der Neretva immer heftiger wurde. Nun liegt alles wieder in den Auslagen, neben der Kasse stapeln sich Prospekte aus der Vorkriegszeit, die berichten, daß Pandur einst viele Preise gewonnen hat und seine Arbeiten in vielen Städten Europas ausstellte.

Auf der anderen Seite der Brücke hat nur Safa seinen Laden geöffnet. Seine früheren Nachbarn sind verschwunden oder tot. Dreizehn Tote hat es auf dieser Seite der Brücke gegeben, unter jenen, die direkt hier wohnten oder Handel trieben. Barfuß, mit einer blauen Pluderhose und einem roten Fez bekleidet, sitzt Safa zwischen seinen Antiquitäten. Der Samstag, an dem Hans Koschnick in Mostar ankommt, ist einer der heißesten Sommertage in diesem Jahr. Nur wenige Zuschauer verfolgen den Aufmarsch der Minister am Hotel Ero, Koschnicks künftigem Amtssitz, der vorerst nur von der kroatischen Seite aus zugänglich ist. Auf dieser Seite ist das Mißtrauen groß. »Dürfen wir wenigstens unsere Steinschleudern behalten?« fragt eine kroatische Wochenzeitung unter der Überschrift »Big Brother is watching you« zu Koschnicks Ankunft.

Die meisten kroatischen Zuschauer am Hotel Ero scheinen gekommen zu sein, um den kroatischen Präsidenten Franjo Tudjman zu sehen und ihm zu applaudieren. Der

bosnische Präsident Alija Izetbegovic trifft ein, Bundes-
außenminister Klaus Kinkel und schließlich Hans Koschnick. Nach kurzen Reden im Foyer des Hotels begeben sich
die Politiker auf eine kurze Tour durch die Stadt. Zuerst
besichtigen sie die zerstörte katholische Kathedrale. Dann
führt ihr Weg zur alten Brücke.

Als der kroatische Präsident Tudjman als einer der letz-
ten die wacklige Hängebrücke betritt, klingen von den
Badenden an der Neretva Protestrufe und Pfiffe herauf.
Einige rufen »Mörder, Mörder« gegen jenen Mann, in dem
sie einen Hauptverantwortlichen für die monatelange
Belagerung ihrer Stadthälfte sehen. Tudjman zögert. Hans
Koschnick dreht sich zu ihm herum, wartet auf ihn, dann
gehen beide über die Brücke weiter in den Ostteil der
Stadt.

Kapitel 2

Hans Koschnick: Mostar – ein Modell für Europa

Ende Juli 1994

Wir hätten auch einfach anfangen können – ohne Eröffnungszeremonie, ohne den Gang durch die Stadt. Ich habe diesen ersten Tag nicht als besonders wichtig angesehen. Ich will in Mostar ja nicht den feinen Max spielen, sondern etwas bewegen.

Aus meiner Sicht war es dringlich, daß es endlich losgeht, nachdem sich alles immer wieder verzögert hatte. Der Winter kam immer näher, und wir konnten vorher nichts unternehmen, damit die Menschen ihre Häuser winterfest machen können. Man hatte gehofft, mich schon im Mai hier zu sehen, und nun machte sich in Ost-Mostar sogar schon Resignation breit. Einige in der Stadt glaubten nicht mehr an mein Kommen.

Die Verzögerung war zwar auch durch langwierige Entscheidungsprozesse innerhalb der Europäischen Union bedingt, in erster Linie aber durch Schwierigkeiten hier in Mostar. Es ging einfach nach dem Waffenstillstand vom März 1994 hier vor Ort nichts voran. Bevor ich kommen konnte, mußte klar sein, daß die Stadt demilitarisiert ist, insbesondere daß alle schweren Waffen aus dem Verwaltungsbereich der Europäischen Administration in Mostar entfernt waren. Das aber hat sich hingeschleppt, die beiden Seiten haben immer weiter taktiert, keiner wollte den ersten Schritt machen.

Im Prinzip war das sogar verständlich: Jede der beiden Seiten fürchtete, daß die andere wieder zuschlägt, wenn sie zuerst mit ihren militärischen Verbänden abzieht. Schließlich konnten sie sich ja nicht auf eine militärische Garantiemacht von außen verlassen, die einschreiten würde, falls der Gegner so eine Situation ausnutzte. So eine Garantiemacht gibt es hier nicht. Also haben sie sich über Wochen genau beobachtet und sich erst bewegt, als definitiv feststand, daß wir kommen. So ist es dazu gekommen, daß erst im letzten Moment, am Tag vor meiner Ankunft, die schweren Waffen aus Mostar abgezogen wurden und die Verbände sich außerhalb der entmilitarisierten Zone niederließen. Ohne Zweifel hätte Europa früher Druck machen müssen, den beiden Seiten signalisieren sollen, daß man die Verzögerungen nicht weiter hinnehmen werde.

Daß unsere Ankunft sich um mehr als zwei Monate verschoben hat, hatte aber noch einen weiteren Grund: Es hatte sich bis zu uns herumgesprochen, daß es in West-Mostar einige Gruppen gab, die mit Gewalt verhindern wollten, daß der Administrator hier seine Aufgabe aufnimmt. Zu Hause gab es eine Menge Diskussionen; im Auswärtigen Amt – Bonn hielt ja seinerzeit die Präsidentschaft der Europäischen Union – zögerte man sehr. Die Frage war: Kann man denn eigentlich die Verwaltung übernehmen, wenn die in Mostar schon anfangen, Söldner anzuheuern, um den Administrator umzulegen?

Ich habe mit meiner Frau darüber gesprochen. Es wird ja meist über die Frage, wie Politiker wichtige Entscheidungen treffen, nicht berichtet, aber ich denke, für fast alle Politiker spielen die Gespräche mit dem Lebenspartner nahezu die wichtigste Rolle. Bei der eigenen Frau kann man sich darauf verlassen, daß sie verbindlich und ehrlich Stellung bezieht – bei ihr schwingt kein anderes Kalkül mit, man muß sich nicht fragen: Sagt sie das, weil sie noch was werden will, oder weil sie meint, daß ich es so hören möchte? Selbstverständlich hat Christine sich Sorgen gemacht, zumal sie die Friedensbereitschaft hier auf dem Balkan skeptischer beurteilt als ich. Aber sie hat meine Entscheidung, nach Mostar zu gehen, von Beginn an vorbehaltlos unterstützt, und auch nun waren wir uns einig: Wir haben uns früher in politischen Fragen nie erpressen lassen, also durften wir auch jetzt nicht nachgeben.

Deshalb habe ich eine klare Position bezogen und dem Auswärtigen Amt gesagt: Ihr müßt Euch jetzt entscheiden; doch wer der Erpressung durch Gewaltandrohungen nachgibt, kann dort nie anfangen. Solche Drohungen gibt es sonst alle vierzehn Tage wieder. Wenn ihr also sagt, wir machen das Projekt Mostar, dann müßt ihr eben verantwortliche Politiker aus der Regierung Kroatiens und der Regierung Bosniens verpflichten, dafür zu sorgen, daß die Arbeitsaufnahme vernünftig stattfinden kann – oder ihr müßt auf das Projekt verzichten. Und tatsächlich haben die Kroaten ja dann vor meiner Ankunft auch Leute aus dem Verkehr gezogen, um in West-Mostar für hinreichende Sicherheit zu sorgen.

In dieser Hinsicht hat die Zeremonie zu unserer Amtseinführung auch einen Nutzen gehabt. Mit ihrer Teilnahme haben der bosnische Präsident Izetbegovic und Kroatiens Präsident Tudjman demonstriert, daß sie eindeutig hinter dem europäischen Projekt Mostar stehen. Besonders der Gang von Tudjman über die alte Brücke in den Ostteil der Stadt hat eine Signalwirkung gehabt. Er hat damit gezeigt, daß er sich zu diesem Abkommen stellt und

daran interessiert ist, Probleme aus der Vergangenheit auszuräumen. Das war schon ein mutiger Schritt.
Ich wußte vorher, daß dieser Mann von den Menschen
im Ostteil sicher nicht mit Beifall empfangen wird. Aber
die Bitterkeit, mit der einzelne Leute an der Brücke dann
mit Rufen und Pfiffen reagiert haben, kann wirklich nur
verstehen, wer selbst in solcher Not und Bedrängnis gelebt hat – da müssen wir schweigen, wir sind wirklich
Außenseiter angesichts dieses extremen Überlebenskamp-
fes.
Wir konnten die Situation eigentlich nur auf uns ein-
wirken lassen, um zu sehen, wie tief die Wunden gehen
und wie lange es dauern wird, bis sie vernarben. Diese
Menschen kennen doch die Geschichte des Krieges, wissen, daß die Kroaten hofften, die West-Herzegowina mit
der Hauptstadt Mostar Kroatien zuzuschlagen. Sie wissen
oder ahnen, daß dieser Traum von Groß-Kroatien nicht
allein in der Herzegowina geboren war, sondern auch in
der kroatischen Republik seinen Widerhall hatte – auch
mit Unterstützung von Soldaten und Material. Doch am
Ende konnten sie sagen: Wir haben trotz allem durchge-
halten; wir haben zwischen Trümmern widerstanden –
wenngleich unter unendlich großen Opfern! – Dieser Tag
hat gezeigt, welche Spuren das alles hinterlassen hat.
Wenn sich jemand überwindet und wie Franjo Tudjman
diesen Schritt auf die Bosniaken zugeht, dann gebietet das
Respekt, denn wer läßt sich schon als Präsident gerne aus-
buhen. Später haben ihm die Muslime dafür auch Anerkennung gezollt, zumindest intern. Sie haben sicher nicht
vergessen, was geschehen ist, aber dennoch merkte man,
daß einige dachten: Der Mann hat Mut. Tudjman hätte ja
auch im Hotel Ero bleiben oder sich auf der Westseite von

seinen Leuten feiern lassen können. Er ist nicht zu diesem
Schritt gezwungen worden. Wir hatten zwar darauf bestanden, daß er an diesem Tag nach Mostar kommt, aber
mehr nicht erbeten. Nach den Reden hätte er wieder gehen
können. Aber Präsident Tudjman wollte die Sache ganz
machen.

Es ist sicher übertrieben, hier von einem Zeichen der
Versöhnung zu sprechen. Dazu müßte mehr passieren,
man ist vom Eingeständnis von Fehlern, von Schuld auf
allen Seiten noch weit entfernt. Einige Medien verbreiten
in solchen Fällen viel Schmus und Gefühlsduselei, anstatt
die Situation realistisch zu betrachten. Seien wir doch ehrlich: Auch bei uns wurde doch nach dem Krieg nicht über
die eigene Schuld gesprochen, man hat sich sogar geweigert, gewisse Dinge überhaupt wahrzunehmen. Bis zum
Kniefall von Willy Brandt in Warschau hat es Jahrzehnte
gedauert. Ich wundere mich oft, daß in den Medien gerade
von der jungen Generation nun wieder so viel Gefühlsduselei betrieben wird, so leichtfertig nach symbolträchtigen
Gesten verlangt wird, die oft nur das Gegenteil verschlei-
ern. Unsere Generation hat das nach dem Krieg bewußt
abgelehnt, das Spiel mit Kitsch und Rührung war diskre-
ditiert.

Bei Tudjmans Gang über die Brücke handelte es sich
wohl eher um ein Zeichen, daß man nachgedacht und eingesehen hat, daß der zuvor eingeschlagene Weg nicht zum
Erfolg führt. Dabei ging es gar nicht so sehr um Mostar.
Tudjman hat erkannt, daß die politische Wende auch für
Kroatien notwendig ist. Er will ja zu uns in das Zentrum
von Europa. In der Zusammenarbeit mit den Bosniaken
kann Zagreb die angestrebte Anbindung an die Europäische Union erreichen – mit einem Konfrontationskurs

indes nicht. Das hat er eingesehen, so ist auch mein Eindruck aus unseren Gesprächen. Es ist ja bekannt, daß diese
Föderation zwischen Muslimen und Kroaten auch auf
Druck der Europäer zustandegekommen ist. Man hat
Zagreb seinerzeit deutlich gemacht, welche Implikationen
sich mit einer Politik verbinden, die eine Teilung Bosniens
anstrebt: Wer immer in Kroatien glaubte, man könne für
sich einen Teil aus Bosnien-Herzegowina herausbrechen,
mußte zugleich wissen, daß er damit eine Rechtfertigung
gab, aus Kroatien die Krajina Serbien zuzuschlagen – daß
er damit also die Integrität seines eigenen Landes
gefährdete. Ganz allgemein kann gesagt werden, daß die
Einsicht wuchs, daß Europa, die USA und die Vereinten
Nationen Grenzveränderungen durch Gewalt nicht akzeptieren werden.

Zwar besteht gewiß noch Mißtrauen zwischen den beiden Präsidenten; aber sie suchen nach einem modus vi-
vendi, um die gebotene Chance der Verklammerung mit
der Europäischen Union zu nutzen. Diese Chance ist wohl
einzigartig: Es geht bei diesem Projekt in Mostar um den
Versuch einer neuen, anderen Form von Sicherheitspolitik.
Mostar hat für Europa Modellcharakter. Wir versuchen
hier etwas vollkommen Neues, und die Menschen in
Mostar und darüber hinaus in der Region können davon
sehr profitieren.

Bisher basierte die gemeinsame Außen- und Sicherheitspolitik der Europäischen Union, die sich ja gerade
noch in der Entwicklung befindet, generell auf diplomati-
schen und politischen Initiativen; von militärischen Schritten hat man auf dem Balkan aus guten Gründen abgesehen. Doch die Mittel der Diplomatie sind beschränkt und
führten jedenfalls auf dem Balkan nicht zum Ziel. Deshalb

gab es in den europäischen Parlamenten schon lange Diskussionen, ob nicht Europa die weitaus größeren Einflußmittel der Ökonomie und der sozialen Hilfe nutzen sollte, um Frieden zu stiften oder zumindest zum Abbau von Konflikten beizutragen. Wirtschaftliche Not war und ist eine wesentliche Ursache für Konflikte. Es wäre für die Welt sicher besser gewesen auszuhelfen, bevor der Konflikt ausbricht, anstatt hinterher mit humanitärer Hilfe für die Opfer und Aufbauleistungen von außen am Reparaturwerk teilzunehmen. Nun wird also in Mostar versucht, mit wirtschaftlicher und humanitärer Hilfe Frieden zu fördern – wobei selbstredend immer die Unterstützung durch politischen Druck gebraucht wird.

Idealerweise sollte man so etwas versuchen, bevor der Konflikt ausbricht und nicht, wenn schon alles in Schutt und Asche liegt. Deshalb ist Mostar nicht das allerbeste Beispiel, weil wir hier erst nach dem Konflikt anfangen konnten, neue Maßstäbe zu setzen. Aber dennoch gilt: Am Fall Mostar kann sich erweisen, ob sich durch konkrete praktische Hilfe für die Bevölkerung – und meinetwegen auch für die politischen Führer – unter Umständen große Konflikte eindämmen lassen. Nach dem einfachen Prinzip: Wer eine Aufgabe hat, wer arbeiten kann, wird nicht so schnell auf den Nachbarn schießen.

Hier kann man sogar zum Ausbruch des Krieges zurückkehren. Gewiß spielen die Spannungen zwischen den verschiedenen Volksgruppen eine Rolle, aber sie konnten erst auf dem Nährboden des jugoslawischen Zerfalls richtig gedeihen. Ich frage mich manchmal, ob es genauso zur Katastrophe gekommen wäre, wenn man schon frühzeitig Gelder, die sich die Jugoslawen vor dem Konflikt als Kredite erbeten hatten, bewilligt hätte.

Das Projekt Mostar hat jedenfalls eine doppelte Funktion: Zum einen geht es darum, Menschen nach einem Bürgerkrieg wieder zusammenzuführen. Wenn wir hier wieder weggehen, spätestens in zwei Jahren, sollen die beiden Seiten so weit wieder zusammengewachsen sein, daß Mostar als eine Stadt – und nicht als geteilte Stadt – wieder besteht. Der Wiederaufbau der Stadt, bis Mostar wieder ein wenig so ist wie vor dem Krieg, wird allerdings mindestens zehn Jahre und länger dauern. Das können und müssen die Mostarer dann allein schaffen, sicher mit europäischer Hilfe, aber ohne eine europäische Administration. Die soll in diesen zwei Jahren in Zusammenarbeit mit den Mostarern die Voraussetzungen für ein gedeihliches Zusammenleben schaffen. Dazu gehört eine Stadtverwaltung mit einer gemeinsamen Polizei und einem gewählten Stadtrat einschließlich selbstbestimmtem Bürgermeister. Wenn wir das am Ende meiner Zeit, also bis Juli 1996, erreicht haben, wird meine Arbeit als Administrator getan sein.

Bei dieser Mission geht es aber nicht nur um Mostar. Mostar ist ein Testfall für die Föderation zwischen Muslimen und Kroaten, vielleicht eine Plattform für das, was beide Seiten sich im März 1994 in Washington gewünscht haben. Wenn es in Mostar nicht klappt, wird die ganze Föderation nicht funktionieren. Darüber hinaus gilt: Das Konzept dieser Föderation ist der einzige Weg zur erhofften Bereitschaft der bosnischen Serben, sich vielleicht doch wieder in den Staatsverband Bosniens einzugliedern.

Hinzu kommt die Funktion dieses Projekts für Europa: Unser Projekt in Mostar ist der nach meinem Ermessen bisher einzigartige Versuch der Europäischen Union, in dieser Dimension ökonomische Mittel einzusetzen, um den Frieden zu stabilisieren. Es ist freilich ein Versuch, der zwar – was die Höhe der Kosten anbelangt – auf der einen Seite beachtlich ist, auf der anderen Seite allerdings keine Verschwendung bedeutet, falls alles schiefgeht. Die Kosten für UNPROFOR oder andere vergleichbare Kriseninstrumente sind noch um einiges höher. Und jeder in unserer Administration muß von nun an immer bedenken, daß er mit dem Geld des europäischen Steuerzahlers umgeht. Wir sind hier als Treuhänder der Steuerzahler und nicht um Geldgeschenke zu verteilen. Das Geld soll gezielt stabilisierend eingesetzt werden, als Hilfe, um Spannungen abzubauen.

Und schließlich ist das Projekt Mostar Ausdruck einer gemeinsamen Jugoslawien-Politik der Europäischen Union, zu der man sich nach großen Schwierigkeiten erst einmal zusammenraufen mußte. Es ist gewissermaßen das Ergebnis eines gegenseitigen Sich-Wiederfindens. Wir können endlich sagen, daß bisherige Differenzen ausgeräumt sind.

Bekanntlich gab es innerhalb der Gemeinschaft einen schwerwiegenden Dissens, ursprünglich ausgelöst durch die Frage der frühzeitigen Anerkennung bisheriger jugoslawischer Teilrepubliken als selbständige Staaten. In dieser Angelegenheit haben wir Deutsche übermäßig forciert, und die Partner fühlten sich gedrängt, manche überrannt. Einige sahen in der schnellen Anerkennung Sloweniens und Kroatiens, und später auch Bosnien-Herzegowinas, einen Fehler. Auch ich hatte damals Bedenken. Ich wußte, daß es notwendig sein würde, für die von den Serben bewohnte Krajina in Kroatien eine für Kroaten und Serben akzeptable kulturelle Autonomie-Lösung zu finden. Ich fürchte, daß ich in dieser Frage recht behalten habe.

Nach der Anerkennung erwuchs eine große Skepsis bei vielen Europäern gegenüber den deutschen Intentionen auf dem Balkan. Plötzlich wurden die alten Papiere von 1914 und 1941 wieder hervorgekramt, wurde über Großmachtstrategien der Deutschen auf dem Balkan spekuliert. Viele der deutschen Diplomaten hätten das nicht erwartet, vor allem die Parlamentarier in Bonn nicht – der Druck des Bundestags spielte bei der deutschen Außenpolitik in Hinblick auf die Anerkennung Sloweniens und Kroatiens eine maßgebliche Rolle. Den deutschen Parlamentariern hatten nur wenige vorher gesagt: Vergeßt eines nicht, eure Haltung gegenüber Serbien irritiert jene Europäer sehr, die zweimal mit den Serben gekämpft haben, um deutsche Aggression in Europa abzuwehren. Doch sie haben sich das fünfzig Jahre nach dem Weltkrieg nicht vorstellen können.

So haben sich Fronten aufgebaut. Jede Seite unterstellte der anderen unterschwellig, wegen alter Bindungen so oder anders zu handeln. Ich habe das immer für Nonsens gehalten. Die Europäische Union hat jedenfalls wegen dieser Fehlinterpretation achtzehn Monate verloren. Sicher gibt es Sympathien und traditionelle Bindungen auf der einen und auf der anderen Seite. Aber es ist albern, der einen oder der anderen Seite zu unterstellen, es ginge ihr darum, sich Einflußzonen zu sichern und den Balkan aufzuteilen; auch auf deutscher Seite hat es solche Absichten nicht gegeben. Wir wollten dem erklärten Willen der betroffenen Bevölkerung in Slowenien und Kroatien entgegenkommen, hatten wir doch unsere Vereinigung als Ausdruck unseres Willens gerade ermöglichen können.

Mittlerweile sind die Bedenken und Vorurteile auf allen Seiten ausgeräumt, wir betreiben gemeinsam eine Politik der Konflikteindämmung.

In der Europäischen Union gab es nach meinem Eindruck auch keine Probleme damit, daß ich als Deutscher die Leitung des Projekts in Mostar übernommen habe. Denn dies ist kein deutsches Projekt, weder von der Entstehung her noch von der Ausführung. Die Idee, Mostar unter europäische Obhut zu stellen, spielte bereits im frühen Vance-Owen-Plan zur Befriedung des Balkans eine Rolle. Heute ist sie in den Rahmen der Föderation eingebettet. Und diese Föderation ist letztlich weder von den Deutschen noch den Engländern oder den Franzosen durchgesetzt worden, sondern von den Amerikanern – auch wenn wir dabei durchaus eine wichtige Rolle gespielt haben.

Die beiden Partner in der bosnisch-muslimischen Föderation – die Kroaten und die Muslime – haben sich einen Deutschen als Administrator gewünscht, wenn auch von kroatischer Seite nicht unbedingt einen Sozialdemokraten. Beide Seiten sehen in der Bundesrepublik einen Freund und erhoffen sich wohl organisatorisch und finanziell einiges. Die anderen Nationen wiederum, die sich im früheren Jugoslawien mit Soldaten bei den Blauhelmtruppen der Vereinten Nationen engagieren, sahen eine wunderbare Gelegenheit, die Deutschen einzubinden – nach dem Prinzip: Das könnt ihr jetzt mal machen! Natürlich kamen da auch Überlegungen hinzu nach dem Muster: Das kann gar nicht gutgehen in Mostar – da können sich jetzt einmal andere die Pfoten verbrennen.

Aber von den europäischen Außenministern hatte ich stets eine hervorragende Unterstützung in der Sache –

vielleicht auch deshalb, weil viele mich schon vorher kannten. Und mein Stab hier besteht nicht vornehmlich aus Deutschen, sondern wird aus vielen Ländern Europas rekrutiert.

Kapitel 3

Jens Schneider: Die Zauberformel »Hassan«

Ende Juli 1994

Kurz vor Mostar fährt Petar seinen Mercedes an den Straßenrand. Der kroatische Taxifahrer, der uns in den muslimischen Ostteil der Stadt bringen soll, steigt aus. »Ich gehe lieber auf Nummer Sicher«, sagt er. Dann schraubt er die Nummernschilder vorn und hinten an seinem Auto ab. Sie tragen das rot-weiße kroatische Wappen. Petar versteckt sie unter einer Decke im Kofferraum. Er setzt sich wieder hinters Steuer und macht sich nun am Rückspiegel zu schaffen, nimmt die kleine Madonnenfigur ab und läßt sie verschwinden. Schließlich legt er noch seine goldene Halskette mit dem großen Kreuz ab. Nichts soll mehr daran erinnern, daß Petar ein Katholik ist; durch nichts soll er als Kroate zu erkennen sein, wenn er nun ins muslimische Ost-Mostar hineinfährt.

Und ohne Kreuz am Hals könnte Petar leicht zu den Muslimen gehören, solange er sich hütet, nicht eines jener Wörter zu benutzen, welche die Kroaten in ihre Sprache aufgenommen haben, um ihr Nationalbewußtsein, ihre Einzigartigkeit zu betonen. Mostars Muslime sehen nicht anders aus, und sie kleiden sich nicht anders; von Kroaten und Serben unterscheidet sie zumeist nur der Vorname. Viele würden sich nicht einmal als gläubige Muslime bezeichnen. In Titos Jugoslawien wurde zwischen *Muslimani* mit großem und mit kleinem Anfangsbuchstaben unterschieden: *muslimani* nannten sich die gläubigen Muslime,

Muslimani all jene, die sich nicht als Kroaten oder Serben, sondern als Angehörige einer eigenen bosnischen Volksgruppe sehen.

Der Gründer des sozialistischen Jugoslawiens, Josip Broz Tito, hat den bosnischen Muslimen 1974 endgültig den Status einer Nation zugestanden, auch um einen Puffer zwischen den Kroaten und Serben zu schaffen, den beiden stets konkurrierenden, einflußreichsten Völkern Jugoslawiens. Nicht wenige der *Muslimani* haben nie eine Moschee besucht und sich immer als Atheisten betrachtet. Im Krieg traf der Eifer der kroatischen Extremisten die Muslime mit großem und kleinem M unterschiedslos: Wer Mustafa oder Erzemina hieß, wer muslimischer Religion war, wurde zum Feind erklärt, in vielen Fällen getötet oder aus West-Mostar vertrieben. Der Taxifahrer Petar weiß das, und er weiß auch, daß manche Mostarer Muslime so kurze Zeit nach dem Kriegsende in jedem Kroaten einen Feind sehen, einen *Ustaschen* – so nennen sie die Extremisten nach dem Vorbild der kroatischen Faschisten, die im Zweiten Weltkrieg in Kroatien und Bosnien mit italienischer und deutscher Hilfe ein Terror-Regime errichteten. Deshalb ist Petar, der aus Split kommt und mit dem Krieg nichts zu tun hatte, vorsichtig.

Der Weg in den Ostteil führt am verminten Flughafen von Mostar vorbei, der nicht mehr benutzt werden kann, an verlassenen, zerschossenen Häusern der Vororte und an nutzlos gewordenen Fabriken. Diese Straße war auch zur Zeit der zehnmonatigen Belagerung der einzige Zugang für Hilfstransporte, hier entschieden die kroatischen Posten, ob die Lastwagen mit den lebenswichtigen Gütern passieren durften. Im Dezember 1993, als sehr viele Granaten auf Ost-Mostar fielen, standen wir hier einmal zusammen mit Jerrie Hulme vom UNHCR; ein Brutkasten, der auch einige Stunden ohne Strom arbeiten konnte, sollte ins zerschossene Behelfskrankenhaus des Ostens gebracht werden. Damit sollten die Ärzte die schwächlichen Babys der oft unterernährten Mütter über die ersten Tage bringen. Aber der kroatische Posten verweigerte die Durchfahrt. »Heute nicht«, sagte er, »Befehl ist Befehl!« Und dann gab er den Hilfskräften eine Tafel Schokolade. »Gebt sie den Kindern dort, wenn ihr das nächste Mal reinkommt. Meine Kinder haben genug, die dort dagegen nichts.«

Heute steht an der Sperre eine Schlange von Lastwagen – wenige Tage nach der Ankunft von Hans Koschnick hängt der Ostteil weiter am Tropf der internationalen humanitären Hilfe. Die Fahrer müssen aufwendige Zollpapiere vorweisen, auch Besucher kämen ohne Ausweise der Vereinten Nationen nicht durch. Es geht weiter an ausgebrannten Häusern, Panzersperren und Autowracks vorbei, am Straßenrand immer wieder Schilder: »Achtung, Minen«. Rechts an der Straße weist ein Schild gen Osten nach Nevesinje. Dies ist die erste größere von Serben gehaltene Ortschaft. Die Machthaber dort haben die Muslime und Kroaten aus der Stadt vertrieben, heute leben in Mostar einige der Flüchtlinge aus Nevesinje. Umgekehrt haben in dem Ort Serben aus Mostar Zuflucht gesucht. Man kann von Mostar aus nicht nach Nevesinje fahren, die serbischen Führer dort lehnen jeden Kontakt zum deutschen Verwalter von Mostar ab.

Die Hauptstraße – Tito-Straße heißt sie auf alten Plänen – führt direkt in die Stadt hinein, vorbei am Neubaugebiet Donja Mahala, wo einige Mostarer aus den Kellern wieder in ihre Wohnungen gezogen sind. Sie haben die zerschossenen Scheiben durch Pappen und Plastikfolien ersetzt. Bei manchen haben die Granaten von der anderen Seite mannsgroße Löcher in die Wände gerissen; diese Zimmer nutzen sie als Garten im dritten oder vierten Stock, hohe Tomatenpflanzen stehen dicht an dicht, wo vorher Wohnungswände waren.

Es sind von hier nur noch wenige Minuten mit dem Auto in die Innenstadt. Auf der Höhe der zerstörten alten Brücke lassen wir den Wagen stehen. Der Blick von der Straße hinunter in das zerstörte Handwerkerviertel *Kujundziluk* und weiter auf die Neretva ist verstellt: Die ganze Straße entlang stehen mit Steinen und Sand beschwerte Spindschränke aus Stahl. Sie wurden aus Schulen und Fabriken geholt und dienten als Schutzwall gegen die Kugeln der kroatischen Scharfschützen, die drüben auf der Lauer lagen und auf alles schossen, was sich bewegte. »Du mußtest ständig auf der Hut sein«, sagt die junge Studentin Ada, die uns von hier aus durch Ost-Mostar führt. »Du konntest nie genau wissen, wann sie auf der Lauer liegen.« In der Regel galt nur, daß sie vormittags seltener schossen, wohl um ihren Rausch auszuschlafen.

Weil sie dem Frieden nicht trauen, haben die Muslime die Spindschränke noch nicht weggeräumt. »Die Soldaten sind gar nicht wirklich weg. Sie haben zu Koschnicks Ankunft nur die Uniform ausgezogen«, argwöhnen einige. Und manche fügen hinzu, daß es auf der eigenen Seite ja schließlich genauso gewesen sei.

An der rechten Seite der Hauptstraße lag vor dem Krieg einer der schönsten Parks von Mostar; heute ist es ein Friedhof, die Muslime haben hier während der Belagerung ihre Toten bestattet. Insgesamt sind nach Angaben der

Kriegsverwaltung auf dieser Seite eintausendsiebenhundert Menschen den Kämpfen zum Opfer gefallen. Fast alle Parks sind heute Friedhöfe. Weiter die Straße entlang steht rechts das alte Volkstheater, das jetzt nur noch »Flüchtlingshaus« genannt wird; hier haben in den Monaten des Krieges hunderte Flüchtlinge Zuflucht gesucht. Nach dem Waffenstillstand im Februar zogen viele zurück in ihre Häuser, soweit die nicht total zerstört waren. Wer nun noch im ersten Stock des Theaters lagert, kann nicht heimkehren, weil Kroaten oder Serben sein Dorf oder Stadtviertel besetzt halten. Dreißig Menschen leben heute im Flüchtlingshaus auf engem Raum im Halbdunkeln. Die kleinen Fenster lassen sich kaum öffnen. Es riecht wie in einer überfüllten Kleiderkammer, deren Tür seit Jahren nicht geöffnet wurde.

In der Mitte des Raums nehmen Mustafa Kajic, den alle Mujo nennen, und seine Familie einen kleinen Flecken in Anspruch, vielleicht vier Quadratmeter. Es reicht für ihre Betten und einen Tisch. Rundherum steht die wenige Habe der Familie – alles stammt aus Spendenmitteln, es paßt in ein paar Reisetaschen und Kartons. Direkt neben Mustafas Bett, auf einer Matratze am Boden, liegt eine Schwangere, die sich bei der extremen Sommerhitze kaum bewegen mag. Auf der anderen Seite schläft ein zahnloser alter Mann, neben ihm lagert ein dunkler Bursche mit zotteligem Vollbart, reglos in einem verfilzten schwarzen Winteranzug. Nur manchmal richtet er sich auf, holt Kekse oder eine Dose Corned Beef aus einem der Hilfspakete hervor und ißt im Liegen, um danach weiterzudösen.

Die Matratzennachbarn hören jede Einzelheit mit, als Mujo seine Lebensgeschichte erzählt. »Ich habe eine schöne große Wohnung«, fängt der Muslim seine Ge-

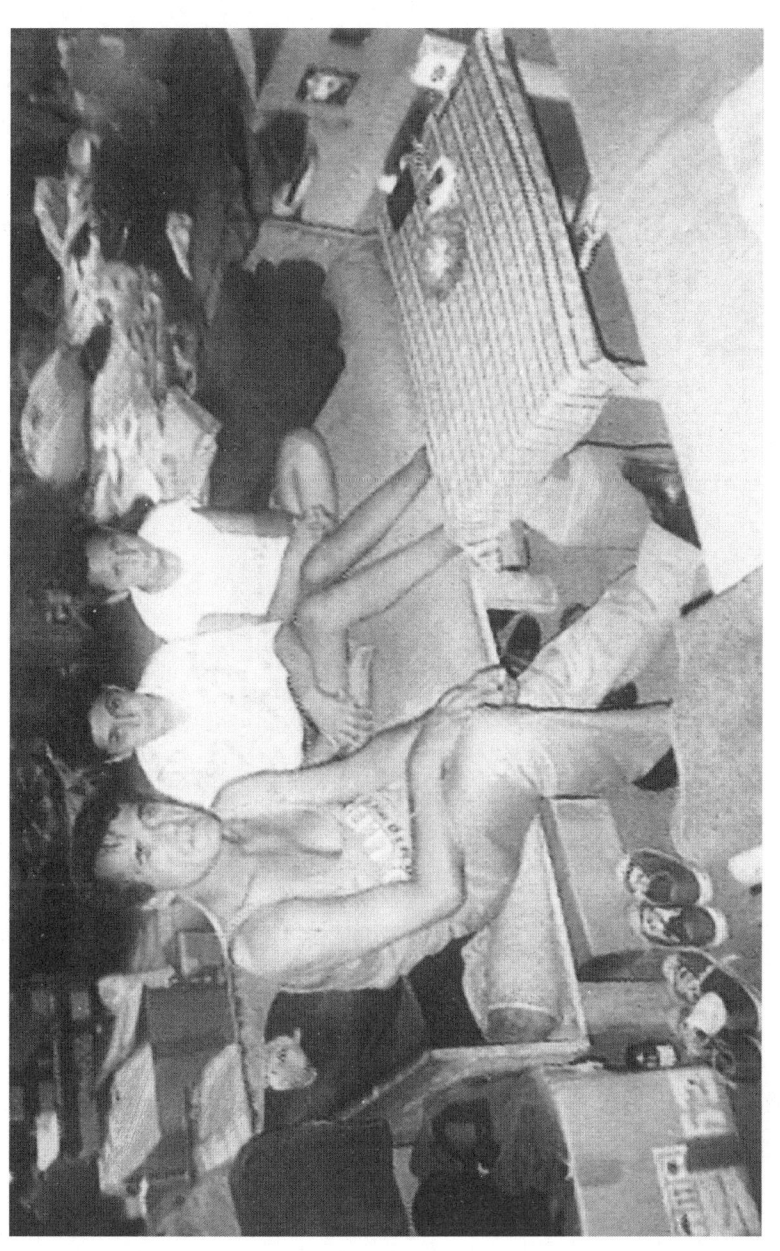

Mujo und seine Söhne in der Flüchtlingsunterkunft im früheren Volkstheater (Foto: Jens Schneider)

Die letzte Bewohnerin einer Ruine in Ost-Mostar

schichte an. »Sie liegt nur hundertfünfzig Meter von hier entfernt auf der anderen Seite. Die Kroaten haben uns von dort vertrieben.« Stolz erzählt Mujo, wie groß seine Wohnung ist: vier Zimmer, über hundert Quadratmeter! Er hatte zwei Farbfernseher und noch ein tragbares Schwarz-weiß-Gerät. »Es hat uns an nichts gefehlt, wir haben schließlich gearbeitet. In der Küche gab es moderne Geräte, die Polstermöbel hatten wir fast neu gekauft.« Ob wir den jugoslawischen Torwart Enver Maric kennen, der einmal in der deutschen Bundesliga gespielt hat? »Der hatte nicht so eine schöne große Wohnung wie wir«, schwärmt Mujo.

Am 7. Oktober 1993 hat er diese Wohnung zum letzten Mal gesehen. »Am Abend klingelten drei Extremisten von der kroatischen Armee HVO an unserer Tür. Als meine Frau öffnete, verlangten sie unsere Ausweise.« Die Uniformierten durchsuchten die Wohnung, die Familie sollte danach zur Polizeistation mitkommen. Tatsächlich brachten die HVO-Männer Mujo und die Familie zur Frontlinie nahe der Neretva. »In einem Haus an der Front haben sie die Kinder in ein Nebenzimmer gesperrt und uns Eltern durchsucht. Sie wollten Geld und Gold.« Weil die Familie schon lange mit der Deportation gerechnet hatte, hatte Mujos Frau alles in ihre Unterwäsche eingenäht. »Zweitausendsiebenhundert Mark und einiges Gold! Sie mußte sich ausziehen, und die Extremisten fanden unsere Wertsachen.« Danach schickten die Soldaten die Familie durch das Gewehrfeuer auf die andere Seite. »Hey, ihr Türken, hört auf zu schießen, jetzt kommen welche von euch!« wurde zur anderen Seite hinüber gerufen. Und Mujos Familie erhielt den Rat: »Ruft immer: Nicht schießen!« In dieser Nacht seien viele von hinten abgeknallt worden, hat

Mujo später erfahren. Auf der Ostseite fand die Familie nur die Unterkunft im Flüchtlingshaus, hier überstanden sie den Winter. »Da gab es an manchen Tagen nur etwas Brot zu essen.«

Direkt neben dem Flüchtlingshaus geht es in einen Hauseingang und von dort hinunter in den Keller. Auf der Kellertreppe hat eine junge Lehrerin während des Krieges die Kinder aus dem Flüchtlingshaus unterrichtet – aber sie konnten nur hingehen, wenn der Beschuß nicht zu heftig war. Seit dem Ende der Kämpfe werden sie in einer Schule unterrichtet, die ein paar hundert Meter den Berg hinauf liegt. Auch hier sind die Scheiben zerschossen, die Wände von Granateinschlägen zernarbt.

Mujos Frau Verica ist seit dem Waffenstillstand schon dreimal mit einem Besuchsschein im Westteil gewesen, gleich beim ersten Mal ist sie auch zur Wohnung gegangen. »Unsere ehemaligen Nachbarn haben uns sehr herzlich begrüßt, auch die Kroaten. Sie haben gefragt, warum wir deportiert wurden – aber was sollte ich sagen? Ich kenne keinen Grund«, sagt sie. »Wir gehören doch alle zusammen. Ich habe damals Blut gespendet und nicht gefragt, für wen. Ich habe auch für Kroaten gespendet. Dann haben sie uns vertrieben.« Bei ihrem ersten Besuch im Westen wollte die Frau auch ihre Wohnung sehen. »Aber dort hängt jetzt ein anderes Namensschild. Ein Mile wohnt dort. Die Jungen wollten klingeln. Aber ich hatte zuviel Angst.« Auch bei ihrem nächsten Besuch traute sie sich nicht, diesmal freuten sich auch die früheren Nachbarn nicht mehr so sehr. »Sie ahnen«, sagt sie, »daß es Probleme gibt, wenn wir zurückwollen.« Doch darauf würden sie bestehen, sagen Mujo und seine Frau. Eine bessere Unterkunft im Osten wollen sie nicht akzep-

tieren. »Ich habe eine Wohnung«, betont Mujo. »Die will
ich zurück!«

Mehrere tausend Menschen sind wie Mujo in den zehn
Monaten der Belagerung von Ost nach West vertrieben
worden; die genauen Zahlen kennt niemand, die Kriegsverwaltung im Osten spricht sogar von mehreren zehn-
tausend. Überall in Ost-Mostar trifft man auf Vertriebene,
die oft bereitwillig ihre Geschichte erzählen, weil sie hof-
fen, daß ihnen jemand hilft. Auf dem Platz der Republik
vor dem Hotel Neretva hocken junge Männer auf einer
Mauer. »Wir tun nichts. Wir sitzen hier und warten«, sagt
ein Techniker. »Warum sollte ich hier ein Haus oder eine
Wohnung wieder aufbauen? Ich habe doch drüben eine
Wohnung!« Und worauf wartet er? »Jetzt ist Koschnick da.
Koschnick soll dafür sorgen, daß ich zurück kann. Er hat
uns viel versprochen.« Der Name Koschnick wird ausge-
sprochen wie eine Zauberformel, nicht nur von ihm: Der
Deutsche soll Baumaterial heranschaffen und Strom in die
Stadt bringen. Er soll die Wirtschaft ankurbeln und dafür
sorgen, daß alle wieder reisen dürfen und sich frei in der
Stadt bewegen können. Besonders junge Leute wollen Ost-
Mostar verlassen und ins Ausland ziehen.

»Es herrscht bei einigen eine schlimme Erwartungshal-
tung«, klagen Mitarbeiter internationaler Hilfsorganisationen. »Sie fordern ständig und sind selbst nicht bereit
anzupacken.« Viele Menschen in Ost-Mostar wirken apa-
thisch und unendlich erschöpft, bewegen sich den ganzen
Tag nicht vom Fleck – als fordere die monatelange Belagerung nachträglich ihren Tribut. »Der Geist, der sie die
schwere Zeit durchstehen ließ, ist nicht mehr da«, sagt
Jerrie Hulme. Der Mostar-Veteran hat nach dem Waffenstillstand ein UNHCR-Büro in Ost-Mostar an der Haupt-

straße eingerichtet. »Sie brauchen einen Anschub von außen, viele erhoffen sich den von Hans Koschnick. Er muß es schaffen, die hochqualifizierten Mostarer, wie etwa die Ärzte, wieder zurückzuholen. Es wird schwer werden, weil die Leute so viel erwarten.«

Als Hans Koschnick seine erste längere Tour nach dem Amtsantritt unternimmt, besucht er zerstörte Schulen und Kindergärten, und an jeder Station wollen ihm die Direktoren alle Schäden sehr genau zeigen. Die zerschossenen Klassenräume, die Schäden im Dach. Koschnick packt die Männer am Arm, zieht sie ein Stück zu sich heran, um schnell Nähe herzustellen. Oder er hält minutenlang ihre Hand. »Ich kann nichts versprechen, aber wir wollen sehen, daß das schnell besser wird«, sagt er, und: »Wir müssen das Geld kriegen, und dann geht's.« Die Begleiter vom deutschen Technischen Hilfswerk mahnt er: »Seht mal zu, daß ihr hier schnell eine Ausschreibung macht. Damit das losgeht.« Noch einmal drückt er die Hand des Rektors, nickt ihm zu. Zum Abschied reißt Koschnick einen Witz, lacht selbst am lautesten. Dann geht es, im Kreis der vier Leibwächter aus Deutschland, zu Fuß weiter. An der früheren Notambulanz, die während des Krieges immer wieder beschossen wurde, werden ihm Pläne für den Umbau vorgestellt. »Was kostet das?« fragt er sofort. »Ist das sinnvoll?«

In einem Park klatschen alte Männer spontan in die Hände, als Koschnick im schnellen Marsch vorbeizieht. Wer ihn noch nicht bemerkt hat, wird angestoßen. »Dort ist Hassan, er geht gerade die Hauptstraße entlang.« Obwohl ihn seine Sicherheitsleute ständig umgeben, wird kein abschirmender Schild daraus. Die Mostarer stellen sich Koschnick einfach in den Weg, um ihr Leid zu klagen.

Der Bremer bleibt stehen, hört zu, läßt sich das Gesagte in Ruhe übersetzen und antwortet kurz. »Verzeihen Sie, ich möchte gern wissen, wann ich in meine Wohnung zurückkann«, fragt eine alte Dame, die ihn auf der Straße angehalten hat. »Ich kann Ihnen nichts versprechen. Aber wir werden unser Bestes versuchen. Ich bemühe mich sehr, ein Programm zu entwickeln. Es wäre unfair, wenn ich sagte, das läßt sich in vierzehn Tagen machen«, antwortet er. Die Dame bedankt sich, Koschnick drückt ihre Hand, weiter geht's.

»Guten Tag, lieber Herr Koschnick, leider kann der Direktor Sie nicht persönlich begrüßen«, empfängt ihn ein Vertreter der nächsten Schule und will noch erklären, warum nicht und daß sie sich aber alle sehr über den Besuch freuen. »I don't wanna have Halleluja with the director«, unterbricht ihn der Deutsche. »I wanna see the school.« Die Empfangszeremonie ist damit unterbrochen, die Tour durch die Klassenzimmer beginnt. Koschnick läßt sich alle Schäden zeigen, hört sich ruhig an, wie es dazu gekommen ist. Am Ende dann wieder die Anweisungen an Begleiter. »Seht zu, daß die Reparaturen beginnen können.« Der Administrator setzt dabei auf Hilfsorganisationen, die die Patenschaft für die Schulen übernehmen sollen. »Da gibt es zum Beispiel ›Schüler helfen Leben‹. Das ist eine tolle Sache. Da haben Schüler aus Deutschland Geld gesammelt, um hier die Schulen wieder aufzubauen. Das gefällt mir.«

Auf solche Initiativen wird Koschnick angewiesen sein, mit seinem kleinen Stab kann er den Wiederaufbau niemals schaffen. Viele Ausländer sind schon lange vor Koschnick hier angekommen, einige – wie Melissa Payson – hatten bei Kriegsende einen kurzen Weg. Ihr Inter-

national Rescue Committee IRC versuchte schon während
der Kämpfe, Hilfe in die Stadt zu bringen. Nun haben auch
sie im Osten der Stadt ein Büro angemietet, wollen die
Nothilfe langsam aufgeben und dafür sorgen, daß die
Mostarer sich wieder selber helfen können. »Sie haben auf
Koschnick gewartet. Sie wollen nun anpacken«, sagt die
junge Amerikanerin. »Aber ich fürchte, daß es viel Ernüchterung geben wird, wenn nicht alles so schnell vorangeht,
wie sie es sich wünschen.« Melissa ist schon seit fast einem
Jahr hier. »Ich bin so lange hier, weil die Menschen einfach
fantastisch sind. Du kommst und willst Hilfe bringen, und
obwohl sie eigentlich nichts für sich haben, bieten sie dir
Kaffee an, überhaupt alles, was sie aufbieten können.« Alle
Ausländer kennen das: Sie besuchen Bosnier in Not und
mögen dann nicht annehmen, was die Kriegsflüchtlinge
ihnen anbieten. »Aber das mußt du machen. Das ist nicht
peinlich, es ist Gastfreundschaft. Und ich finde, ihr Kaffee
oder der selbstgebrannte Schnaps sind fabelhaft«, sagt
Melissa.

Das IRC hat im Juni mehr als hundert Familien jeweils
drei oder vier Legehennen gebracht und mit Futter für drei
Monate ausgestattet. »So bekommen wir jeden Tag acht bis
neun Eier und versorgen uns ein wenig selbst«, sagt eine
Bosnierin, die ihre Legehennen neben ihrer Erdge-
schoßwohnung in einem kleinen Gatter hält. »Und den
Kindern macht das Füttern großen Spaß. Das ist für sie
neu. Es sind schließlich Stadtkinder.«

Die Hennen sollen nur ein Anfang sein. Hamid Custovic von der Stadtverwaltung hat eine ganze Reihe von Vorschlägen für ähnliche Projekte ausgearbeitet und sucht
nach Spendern, die Geld für Ziegen oder Fischteiche sowie Futter für die ersten Monate zur Verfügung stellen.

»Wir müssen die Leute auf eigene Beine stellen«, sagt er. »Sie sollen sich nicht daran gewöhnen, vom Ausland versorgt zu werden.« Auch in anderen Sektoren der Stadtverwaltung werden alle Vorbereitungen getroffen, damit es sofort losgehen kann, wenn die nötigen Gelder bereitstehen: Architekten und Bauzeichner entwerfen genaue Pläne für den Wiederaufbau; ein Team von Tauchern hat unten in der Neretva die Überreste der *stari most* gefilmt. Nun träumen sie davon, die Reste bald zu heben und mit dem Wiederaufbau zu beginnen. Bei seinem ersten Besuch im Rathaus des Ostens zeigen sie den Film auch Hans Koschnick. »Viele Stücke sind noch erhalten. Wir könnten sie wieder zusammensetzen. Ein Kran wäre gut, wir wissen aber nicht, ob der genug Halt fände.« Sie würden am liebsten sofort anfangen. Koschnick hört zu, fragt viel nach, doch am Ende bremst er. »Die Brücke steht nicht an erster Stelle. Erst sollen die Menschen wieder ein Dach über dem Kopf haben und mit Strom und Wasser versorgt sein.«

Besonders ehrgeizig ist das »Saft-Projekt« von Melissa Paysons Organisation, das zwischen Ost- und West-Mostar eine Brücke schlagen soll. In der Getränkefabrik Hepok, die vor dem Krieg eines der größten Unternehmen im Raum Mostar war, soll die Fruchtsaftproduktion angekurbelt werden. Der Direktor, der mit einigen Arbeitern die leeren Hallen bewacht, damit sie nicht geplündert werden, erhofft sich von dem Hilfsprojekt einen Anschub für sein Unternehmen. »Wir könnten morgen anfangen«, sagt er, der in diesen Tagen Besucher mit Schnaps und Wein in seinem Büro empfängt, »wir brauchten nur Strom, manches müßte repariert werden.«

Zwölftausend Kinder in beiden Teilen der Stadt sollen

täglich Saft bekommen; zugleich soll eine Molkerei aus West-Mostar für Kinder Joghurt liefern. Saft und Joghurt für die Kinder der Feinde – dieser Bedingung haben beide Seiten nur widerwillig zugestimmt. »Ich sehe nicht ein, daß die Hilfsorganisationen so viel Geld in den Westen schicken«, sagt Hamid Custovic von der Ost-Mostarer Stadtverwaltung. »Bei den Ustaschi wurde viel weniger zerstört.« Er meint die Kroaten – sind denn in seinen Augen alle dort drüben Faschisten? »Ich weiß wohl, daß nicht alle Kroaten Ustaschi sind, aber bedenken Sie, was die drüben uns angetan haben«, antwortet er.

Custovic will, daß die Hilfe im Osten konzentriert wird. Als Modellprojekt präsentiert er die Bäckerei der englischen Initiative *War Child*, die in einer kleinen Halle der Hepok-Saftwerke arbeitet. Vierzehn Frauen und Männer aus Mostar arbeiten vor den drei glutheißen Öfen wie im Akkord, angeleitet von jungen europäischen Helfern. »Wir backen hier zweitausend Brotlaibe am Tag, sechs Tage in der Woche«, sagt der Projektleiter James Kennedy. »Sie werden als humanitäre Hilfe in Ost-Mostar verteilt.« *War Child* beliefert die zehn Volksküchen Ost-Mostars, auf die fast alle angewiesen sind. Dünne Bohnensuppe, ein Teller Mais und ein Kanten Weißbrot – das ist ein typisches Menü an einem Tag in dieser Woche.

Keiner der Arbeiter, die sich freiwillig gemeldet haben, wird bezahlt – sie erhalten Brote und Zigaretten, mehr nicht. »Im Prinzip arbeiten sie hier umsonst, und es ist toll, wie sie sich reinhängen«, sagt Kennedy. »Ja, die Arbeit ist schwer, vielleicht die schwerste, die ich je gemacht habe«, sagt eine der Frauen. »Aber ich will etwas für unser Volk tun.« Wenn die Bäckerei weiter gut läuft, will Kennedy sich zurückziehen und sie den Einheimischen überlassen.

Fast überall in der Stadt wird ohne Bezahlung gearbeitet. Dennoch kursiert viel Geld in Ost-Mostar: Deutsche Mark und US-Dollar. Die Eingeschlossenen verbrauchen ihre Ersparnisse, viele bekommen auch Devisen von Verwandten zugeschickt, die im Ausland arbeiten. Ohne Deutsche Mark läßt sich nichts bewegen. »Wenn einer noch irgendwo Dachziegel oder Farbe hat, will er Deutsche Mark dafür. So mußt du alles zusammenkaufen«, sagt einer, der sein Geschäft reparieren und wieder eröffnen will. »Auch amtliche Genehmigungen gibt es nicht umsonst.«

Mit jedem Tag, den Koschnick länger in dieser Stadt ist, entschließen sich weitere Händler, in ihrem Laden den Schutt wegzuräumen und alles für die Zeit vorzubereiten, wenn wieder genug Waren in die Stadt kommen. Doch noch hat in dieser ersten Woche kein Laden im Ostteil geöffnet. Und so müssen die Muslime weiterhin im Westteil der Stadt einkaufen.

Zweihundertfünfzig Frauen, alte Männer und Kinder dürfen täglich hinüber. Dabei ist es auch nach Koschnicks Ankunft geblieben. Am Morgen passieren sie den Checkpoint in der Stadtmitte mit leeren Taschen, am Abend kehren sie schwer beladen mit Obst und Gemüse, Flaschen mit Wein und Paletten von Cola-Dosen zurück. Der Checkpoint liegt am früheren Hit-Platz, benannt nach dem zur Unkenntlichkeit zerschossenen Kaufhaus »Hit« an der Frontlinie westlich der Neretva. Jeder Laternenpfahl und jedes Verkehrsschild ist hier vielfach durchlöchert. Auf dem Asphalt liegen Patronenhülsen dicht beieinander. In einem Armeezelt sitzen ein muslimischer und ein kroatischer Soldat und kontrollieren die Passierscheine. »Die kroatischen Händler freuen sich«, erzählt eine junge Frau, die am Abend mit vollen Taschen aus dem Westen zurückkehrt. »Es ist schon merkwürdig. Erst haben sie alles bei uns zerstört und nun kassieren sie unsere Ersparnisse.«

Schon wenige hundert Meter hinter dem Checkpoint bieten zwei Boutiquen Damenmode aus Italien und Deutschland an. Bald trifft die Straße auf die Avenija, die Hauptstraße des Westteils, wo sich vollbesetzte Cafés und gutsortierte Läden aneinanderreihen. Schwere Motorräder und teure Mercedes- und BMW-Limousinen parken am Straßenrand. In den Cafés sitzen junge Männer, die dem Idealbild kroatischer Militärzeitschriften entsprechen: kurzgeschorene Haare, dunkle Sonnenbrille, kräftige, durchtrainierte Oberarme. Einige von ihnen erzählen ausländischen Journalisten gern von ihren Kriegserlebnissen und berichten freimütig, wie sehr sie den Führer des kroatischen Ustascha-Staats Ante Pavelic verehren. Andere reagieren auf Photo- und Fernsehkameras empfindlich – sie drehen sich sofort weg; ein deutscher Kamera-Mann bekommt in einem Café sogar Prügel angedroht, als er mit seinem Objektiv zu lange auf einen Tisch zielt.

»Das werden Leute von der Mafia gewesen sein«, wird ihm erklärt. »Sobald es dunkel wird, übernehmen im Westteil die Banden die Macht«, sagt ein Mitarbeiter der Vereinten Nationen. Als in der folgenden Nacht gegen zwei Uhr die Stadt von einem berstenden Geräusch erschüttert wird, regt das kaum jemanden auf. »Vielleicht ist ein Hund oder eine Katze auf eine Mine getreten«, sagt der Inhaber einer Pension. »Oder die Mafia hat ein Café in die Luft gesprengt.«

Bezahlt wird im Westen mit »Kuna«, der offiziellen kroatischen Währung. Die westliche Herzegowina wird seit Monaten wie ein Bestandteil Kroatiens verwaltet; das kroatische Wappen hängt an Hauswänden und über Ladentheken, in den Cafés und im Fond vieler Autos. »Willkommen im kroatischen Mostar« steht auf einem großen Transparent am Ortseingang. Nichts erinnert den Besucher daran, daß es sich um einen Teil der Republik Bosnien-Herzegowina handelt. Kurz vor Koschnicks Amtsantritt hat die dominierende Partei, die kroatische Demokratische Gemeinschaft HDZ, auf ihrem Kongreß extremistische Hardliner an ihre Spitze gewählt. Der ehemalige Präsident von *Herzeg-Bosna*, Mate Boban, wurde mit großem Beifall empfangen. Boban war von Franjo Tudjman wegen seiner anti-muslimischen Linie abgesetzt worden. Mehrere Redner betonten auf dem Kongreß, daß sie weiterhin die Vereinigung mit Kroatien anstrebten. Der Parteitag wurde als Absage an den um Verständigung mit den Muslimen bemühten liberalen Flügel der HDZ gedeutet.

Der Extremismus wird durch die Vertriebenen im Westteil genährt. Im Vergleich zu den Schäden auf dem Ostufer wirken die Narben an den Häusern hier zwar wie kleine Schrammen; aber leicht läuft der Besucher Gefahr zu übersehen, daß der Krieg auch im Westen viele Opfer gefordert hat und die Flüchtlinge auf dieser Seite kaum das Nötigste haben. Es sind deutlich weniger als im Ostteil, und sie werden besser versorgt als die Muslime – doch auch sie sind auf ausländische Hilfe angewiesen.

Drüben auf der anderen Seite lebten vor dem Krieg fünftausend Kroaten, nun sind es noch etwa sechzig. Diese Kroaten seien freiwillig gegangen, sagen die Muslime, nachdem ihre Leute sie vor dem 9. Mai 1993 gewarnt hätten, daß der Krieg beginne. »Sie konnten alles zusammensuchen und gehen«, sagt Safa, der Händler von der alten Brücke. »Wir haben niemanden vertrieben. Wer das

Gegenteil behauptet, lügt. Die Kroaten sind gegangen, weil sie drüben besser leben konnten. Denn hier hätten sie die Kugeln ihrer eigenen Leute treffen können.«

Doch im Westen der Stadt wird das anders gesehen. »Viele Familien sind bedroht und vertrieben worden. Sie mußten alles drüben zurücklassen«, sagt der Franziskaner-Pater Daniel. »Ich kann Ihnen viele nennen, die ihren ganzen Besitz aufgeben mußten und sich jetzt nicht einmal trauen, drüben zu schauen, ob ihr Haus noch steht, weil sie noch immer Angst haben.« Fest steht in jedem Fall, daß auch eine große Zahl von kroatischen Flüchtlingen in Mostar lebt. Viele von ihnen stammen aus anderen Teilen Bosniens, aus denen die muslimischen Truppen alle Nicht-Muslime vertrieben haben. »Ich komme aus Bugojno, wo die Muslime die Macht übernommen haben«, erzählt eine junge Kroatin. »Auch ich würde gern zurückgehen, aber es geht nicht.«

Kapitel 4

Hans Koschnick: Redet nicht, tut was!

August 1994

Ich hatte Bilder von Mostar gesehen. Photos von den Resten der alten Brücke, Fernsehaufnahmen aus der zerschossenen Altstadt. Doch als ich bei meinem ersten Besuch im April 1994 hier durch die Stadt gegangen bin, war das doch etwas anderes. Bilder sind eben doch nicht die Realität, sie geben die Stimmung nie ganz wieder. Ich gehöre zu denen, die Städte immer zu Fuß erforschen. So habe ich es von Anfang an auch in Mostar gehalten, und auch jetzt versuche ich mich möglichst viel in der Stadt zu bewegen, um Menschen auch zufällig begegnen zu können. Am Anfang bin ich als praktisch Unbekannter umhergelaufen, aber lange konnte ich das nicht, weil dann immer die Polizei hinterher kam und meinte aufpassen zu müssen, daß ich nicht gestohlen werde.

Mein erster Eindruck war jedenfalls schockierend. Ich fühlte mich um fast fünfzig Jahre zurückversetzt, in meine Heimatstadt Bremen. Ich hätte nie gedacht, daß ich das mal wieder erleben müßte in dieser Form! Wir hatten uns in Europa wohl alle vorgestellt, daß so etwas nie wieder kommt. Ich war zu Kriegsende sechzehn Jahre alt und habe die Bilder aus dieser Zeit noch im Kopf. So etwas vergißt man ja nicht: die Häuser bis auf die Grundmauern zerstört, überall nur Ruinen und Schutt. Und dazu die bange Frage, ob sich das überhaupt wieder richten läßt. Diese Frage stellen sich die Leute hier ja auch. Gleich hinter unserem Quartier, dem Hotel Ero, trittst du in ein Niemandsland, wo auf beiden Seiten der Straße alle Gebäude zerstört sind, einige zerbombt, andere niedergebrannt.

Ich habe auf meinem Schreibtisch im Hotel Ero einen Photoband liegen, ›Bremen kaputt‹. Er zeigt Bilder aus meiner Heimatstadt in den Jahren direkt nach dem Krieg. Den zeige ich den Leuten aus Mostar, wenn sie hier bei mir sind, um ihnen deutlich zu machen, daß ich nicht wie ein Blinder von der Farbe spreche: Seht her, dies hier könnte eine typische Ansicht in Ost-Mostar sein. Es ist meine Heimatstadt Bremen. – Ich erzähle ihnen, daß ich damals, in den Jahren des Aufbaus, mitangepackt habe und noch was habe erreichen können für meine Heimatstadt und nun mein Bestes hier für Mostar tun will. Dafür bin ich hier.

Unzählige Male bin ich hier und auch in Deutschland gefragt worden, warum ich diese Aufgabe überhaupt übernommen habe und ob ich denn keine Angst kenne. Natürlich bin ich nicht frei von Angst – wer hier keine Angst hat, wird leichtsinnig und dumm. Er wird Fehler machen. Aber Angst darf mich doch nicht lähmen, mich nicht davon abhalten, mich hier für diese Stadt und ihre Menschen einzusetzen. Die Gefahr ist schließlich nicht so groß, daß man meinen Aufenthalt als dummen Leichtsinn bezeichnen könnte. In vielen anderen Städten der Welt wäre ich nicht unbedingt sicherer, wenn ich so eine Aufgabe übernähme.

Gewiß hätte ich mir auch vorstellen können, etwas anderes zu machen. Ich wollte im Herbst 1994 eigentlich in den Ruhestand gehen. Es gibt eine Menge Städte in der Welt, die meine Frau und ich zwar aus dienstlichen Gründen besucht haben, deren Schönheit und kulturelle Schätze wir aber nie richtig entdecken konnten, weil die Zeit meist in Konferenzräumen zugebracht wurde. Das hätten wir jetzt gern nachgeholt, und wir hatten auch schon Pläne geschmiedet. Aber dann wurde ich gefragt, ob ich diese Aufgabe übernehmen kann, und für mich stand fest: Ich kann hier etwas bewegen.

Wenn ich heute in Deutschland mit Menschen über dieses Projekt und meine Motive spreche, fällt mir auf, daß einige irritiert die Nase rümpfen, wenn ich sage: Ich will den Menschen hier helfen! – Sie halten das für Geschwätz, gar für eine lächerliche Aussage. Es mag sein, daß so ein ganz einfacher Satz in den letzten Jahren zu oft als Deckmantel für ganz egoistische Handlungen herhalten mußte. Daß Leute von Hilfe sprachen, aber an sich selber dachten. Es mag auch sein, daß dieser Satz in der heutigen Zeit unmodern geworden ist und manche ihn deshalb sofort für eine Phrase halten, sogar für einen Ausdruck von Verlogenheit. Aber mir geht das nicht so.

Das ist vielleicht eine Generationsfrage; ich bin durch die Arbeiterbewegung und auch sehr stark durch die evangelische Kirche geprägt. Da steckt es in einem drin, das wenige, was man erreichen kann, wenigstens zu versuchen. Es geht mir einfach an die Nieren, wenn Kinder und junge Leute keine Zukunft haben, wenn alte Leute in dunklen Löchern leben müssen – so wie hier in Mostar. Dagegen möchte ich etwas unternehmen, ich möchte meinen kleinen Beitrag leisten. Und ich gehöre wohl wirklich zur Generation, für die sich dann die Frage, warum sie denn überhaupt helfen will, nicht stellt. Es gebietet sich einfach.

Bei meiner Ankunft hier in Mostar fand ich, wie gesagt, vieles wieder, was es auch bei uns damals in den Jahren nach 1945 gab. Aber ich fand auch noch was anderes vor: Wir sind damals aus den Kellern gekommen und haben

sofort wieder angefangen, haben Steine gesammelt und
geputzt, und es konnte uns nicht schnell genug gehen mit
dem Wiederaufbau. Hier dagegen herrschte eine ausge-
sprochene Lethargie in den Monaten Mai, Juni und Juli. Da
wurde abgewartet, nur wenige packten an. Ich konnte es
selbst bei meinen Spaziergängen sehen. Manche haben
dafür eine einfache Erklärung: So sei eben der Balkan. Die
Leute würden nichts von allein machen, genügsam säßen
sie zwischen Haufen von Schutt. Diese Vorurteile sind
dumm und zeugen nur von Unverständnis. Da muß man
einfach manches ein bißchen zurechtrücken: Hier ist auch
vieles nicht anders, als es bei uns war, auch wenn die Mentalität ein bißchen anders ist, und das Klima. Wenn hier
vierzig Grad sind, und es regnet wochenlang nicht, denken die Leute natürlich nicht ständig an den Winter. Sie
haben ihr eigenes Tempo, ihre eigene Zeiteinteilung. Aber
schließlich haben sie diese Stadt schon einmal wieder-
aufgebaut, eine Stadt mit erstklassigem europäischen
Standard. Mostar ist nicht Timbuktu. Hier gab es eine
angesehene Universität, Flugzeugindustrie, Maschinen-
bau, Elektroindustrie, ein großes modernes Zentralkrankenhaus mit hundertachtundzwanzig Fachärzten.

Der Grund für die Lethargie hier liegt in der besonderen Situation, dem Unterschied zu Deutschland nach dem
Zweiten Weltkrieg: Bei uns war der Krieg zu Ende, hier
findet er immer noch statt – in ganz Bosnien und gleich
hier vor der Haustür außerhalb des Verwaltungsbereichs
der Europäischen Union. Nur ein paar Kilometer von
Mostar entfernt ist geschossen worden, als ich kaum eine
Woche da war, und es gibt keine Garantien, daß sich das
nicht wiederholt. Da faßt man nicht so leicht Vertrauen.
Die Mostarer müssen also ständig mit dem Ausbruch

neuer Kämpfe mit den Serben rechnen, die nicht weit entfernt von Mostar ihre Stellungen halten. Wer würde bei
uns ohne Vorbehalte langfristige Pläne machen und alles
in neuem Glanz wieder aufbauen wollen, wenn es morgen
wieder zerstört werden könnte?

Aber das ist nicht alles: Noch hat sich die Angst der
Menschen nicht gelegt, daß es trotz des Waffenstillstands
und der Unterzeichnung des Abkommens über die Föderation zwischen den Kroaten und Muslimen in der Stadt
wieder losgehen könnte. In Deutschland hatten wir 1945
einen Krieg verloren und waren – Gott sei Dank – vollkommen entwaffnet. Hier gab es bis zu meiner Ankunft
noch viel zu viele Waffen, und das Mißtrauen untereinander war ungeheuer groß. In Deutschland haben wir alle
zusammen verloren und wollten alle zusammen wieder
aufbauen, hier aber haben sich bis gestern beide Seiten
gnadenlos bekämpft und betrachten sich in der Regel immer noch als Feinde. So ist die Lähmung entstanden.

Hinzu kommt, daß viele Menschen, die hier heute leben,
nicht in Mostar zu Hause sind. Es handelt sich um Flüchtlinge aus anderen Orten Bosnien-Herzegowinas, Menschen, die selbst aus ihrer Heimat vertrieben wurden.
Mostar hat auf beiden Seiten der Neretva viele Flüchtlinge
angezogen: im Westen Kroaten, die von Muslimen und
Serben vertrieben wurden, und auf der anderen Seite leben heute viele Muslime, die vor den Soldaten der Serben
oder Kroaten aus ihren Dörfern und Städten geflohen sind.
Diese Leute fragen sich nun: Was haben wir mit Mostar zu
tun? Sie sind mit ihren Gedanken zu Hause, warten darauf, in ihre Städte und Dörfer zurückkehren zu können.

In dieser Situation mußte ich mich an die Mostarer wen-
den und sagen: Das ist eure Stadt, und wir arbeiten nicht

für euch, wir arbeiten mit euch. Wenn ihr meint, ihr wollt in der Sonne sitzen, dann setze ich mich daneben. Ich trinke auch gern Kaffee.

Nun hat sich aber in den ersten Tagen und Wochen hier schon weitaus mehr verändert, als ich erwartet hätte. Die ganze Stimmung im Ostteil ist anders geworden. Die Leute räumen den Schutt weg, einige machen ihre Geschäfte startklar; sie wollen wieder Geld verdienen, andere bieten sich bei uns hier als Arbeitskräfte an, sie sehen eine Chance, aus der Lethargie herauszukommen. Am Checkpoint machen die kroatischen und muslimischen Polizisten zusammen Dienst, die Kontrollen wirken angenehm lasch und unkompliziert.

Diesen Stimmungswandel habe ich auch in den ersten Gesprächen mit den Bürgermeistern Mijo Brajkovic von der kroatischen und Safet Orucevic von der muslimischen Seite wahrgenommen. Noch bei meinen ersten Besuchen in der Stadt haben die beiden nicht miteinander gesprochen; ich konnte sie erst bei einem Treffen im Ausland zusammenbringen. Nun gibt es hier im Hotel Ero im fünften Stock von Montag bis Donnerstag jeden Morgen um zehn Uhr eine gemeinsame Konferenz. Auch ein Vertreter der serbischen Volksgruppe ist dabei – leider gibt es aber noch keine Kontakte zu den Serben hinter den Bergen, von denen viele aus Mostar stammen. Die lehnen es ab, mit uns zu sprechen.

Aber wir anderen sitzen zusammen und reden über Lösungen für die Probleme dieser Stadt. Es herrscht eine sehr gelöste, kreative Atmosphäre. Mit beiden Bürgermeistern habe ich mich schon bei meinen ersten Besuchen gut verstanden; es sind nüchterne, pragmatische Köpfe. Bei den Gesprächen geht es erst einmal nur um die ganz dringli-

Hans Koschnick auf einem Rundgang durch Ost-Mostar

Aufräumarbeiten im Juli 1994 in Ost-Mostar

chen Fragen: Wie stelle ich die Strom- und Wasserversorgung für den Osten wieder her? Wie versorge ich die Bedürftigen auf beiden Seiten besser? Wie können wir deren Wohnungen winterfest machen? Und da müssen die beiden Seiten feststellen, daß alles gar nicht so schwer ist, wenn es um konkrete Fragen geht, wie zum Beispiel die Wasserversorgung: Wir suchen nach der besten Lösung, und das muß natürlich eine Lösung sein, die beiden Seiten Vorteile bringt, so daß sich keiner wirklich sperren kann. Da kann keiner nationalistisch argumentieren oder die Schuldfrage aufwerfen – damit hat die Wasserversorgung nichts zu tun.

Jetzt reden sie also wieder miteinander, das allein ist schon ein Erfolg. Meine Gesprächstaktik ist es, einfach bei der Vernunft zu bleiben. Wenn zum Beispiel einer kommt und sagt: »Aber wir sind die Opfer!« und der andere antwortet: »Bei uns sind auch viele Opfer!« und sie sich gegenseitig hochschrauben, werfe ich ein: »Solche Dinge gehören nicht hierher, die haben mit dem Problem der Wasserversorgung nichts zu tun!« Dann sagen die beiden: »Koschnick, du bist immer so vernünftig, wir hier sind viel emotionaler. Das mußt du bedenken.« Am Ende aber sehen sie ein, daß es vorangeht – mit Vernunft.

Diese Gespräche zu führen, das sehe ich als meine wichtigste Aufgabe an. In Diskussionen über konkrete Projekte haben wir oft das Problem, daß sich die beiden Bürgermeister nicht zu einer Entscheidung durchringen können. Es hat wohl damit zu tun, daß sie sich nicht recht trauen, auch mal selbständig von einer vorgegebenen Linie abzugehen und Kompromisse zu schließen. Denn sie müssen sich vor ihren Leuten verantworten und wollen nicht als Weichlinge gelten. Zudem sind die Entscheidungsstrukturen sehr unklar. Es gibt zwar auf dem Papier die neue Regierung der bosnisch-kroatischen Föderation, aber de facto haben die Vertreter der alten Strukturen noch den größten Einfluß. Das ist die Regierung in Sarajewo auf der bosnisch-muslimischen Seite und die Regierung von *Herzeg-Bosna* auf der anderen. Da wollen sich die Bürgermeister nicht die Finger verbrennen.

Einen regelrechten Entscheidungsstau gab es gleich zu Beginn meiner Zeit hier: Sie trauten sich einfach nicht, von allein etwas zu unternehmen. Also habe ich entschieden. Das war im Prinzip meine erste Amtshandlung. Sechs Wochen lang hatten die sich hier gestritten, ob man die Quelle in Studenac, die wichtigste für Mostar, wieder eröffnen soll oder nicht. Zum Schluß ging es nur noch um die Frage, wer unterschreiben darf, und dahinter verbarg sich der Streit, wer Eigentümer der Wasserwerke in Ost und West ist. Darüber kamen sie nicht zur Unterschrift. Also habe ich den Auftrag unterschrieben. Denn nach dem *Memorandum of understanding*, der Vertragsgrundlage für meinen Aufenthalt hier, habe ich das Recht dazu. Schon konnte mit der Arbeit in Studenac begonnen werden, und beide Bürgermeister waren zufrieden. Sie konnten dafür von ihren Leuten nicht kritisiert werden, denn sie waren es ja nicht, Koschnick war's! So haben wir es mit dem Wasser gemacht, mit dem Strom und mit weiteren dringenden Reparaturen. Mittlerweile läuft alles etwas einfacher. Es wird nicht mehr so lange diskutiert, vieles geht von allein. Zumindest in Fragen, wo es rein technisch um Wiederaufbau geht, zeigen sich beide Seiten konstruktiv. So soll es ja auch sein. Die sollen hier selber planen und bauen, wir leisten nur Hilfe zur Selbsthilfe, stellen Mittel zur Verfügung. Dabei geht es erst einmal um das Dringliche – und über diese Zusammenarbeit kann dann auch die gemeinsame Stadtverwaltung zusammenwachsen.

Bis zum Winter müssen die Wohnungen und Schulen so wiederhergestellt werden, daß man dort menschenwürdig leben und unterrichten kann. Es darf nicht mehr reinregnen, die Leute müssen heizen können. Das sollen aber die Mostarer selbst machen: Für die Privathäuser errichtet das Technische Hilfswerk aus Deutschland (THW) hier einen Bauhof; und die Stadt selbst kann dann zuteilen, wer Baumaterial für sein Haus bekommt. Die Renovierung der Schulen koordinieren Hilfsorganisationen wie das THW, die Schüler-Initiative »Schüler helfen Leben« und andere – oft übernehmen sie auch die Finanzierung. Gebaut werden soll aber von hiesigen Unternehmen, damit die Bauwirtschaft von Mostar wieder angekurbelt wird.

Bei all diesen Hilfsmaßnahmen müssen wir immer darauf achten, daß sich keine Seite benachteiligt fühlt. Das ist ein Drahtseilakt, weil im Ostteil eindeutig sehr viel mehr zerstört wurde und größere Not herrscht als im Westen. Und schließlich reklamieren die Muslime immer wieder, daß doch sie die Opfer seien und viel mehr Anspruch auf Hilfe hätten.

Unser größtes Problem in diesen ersten Wochen rührt jedoch aus Versäumnissen und Verwaltungsfehlern der Europäischen Union. Ich brauche dringend Personal, das den Wiederaufbau koordinieren kann. Daß ich hier mit nur einer Handvoll Personal antreten konnte, hat zu Verzögerungen geführt. Deshalb mußte ich zum Ende der ersten Woche ein deutliches Signal an die Hauptstädte senden. London, Paris und Rom sollen schneller Personal schicken. Wir brauchen Ingenieure und Verwaltungsexperten aus Europa, die hier den Wiederaufbau koordinieren können – und ich brauche dringend die Polizisten, die beim Aufbau der hiesigen Polizei dabeisein sollen. Es gibt zwar in Mostar selbst genug qualifizierte Fachkräfte, aber die müssen angeleitet werden – damit Ost und West wieder zusammengeführt werden können. In dieser Sache geht es mir einfach zu langsam; es kann nicht sein, daß die europäischen Experten hier verspätet eintreffen, wenn wir nur zwei Jahre Zeit haben.

Ein wenig haben die Verzögerungen sicher auch mit einer Neigung zu Bürokratie innerhalb der Europäischen Union zu tun. Ich wurde zu Anfang ständig aufgefordert, ich solle Berichte schreiben über die Situation hier – nur bin ich nicht hier, um Papier zu füllen, dazu ist meine Zeit zu schade. Der Hauptgrund für die Verzögerungen in der Anfangszeit liegt aber wohl in der Unsicherheit, die prinzipiell um unser Projekt hier herrschte. Bis zuletzt wurde hin und her überlegt, ob wir wirklich hergehen sollten. Deshalb wurde in den europäischen Hauptstädten wohl nicht so entschlossen geplant.

Mittlerweile habe ich noch viele Streifzüge durch die Stadt gemacht: zum Beispiel nach Donja Mahala. Das ist ein Viertel direkt am Fluß, das besonders heftig umkämpft wurde. In der Schule dort haben sie auf dem Schulhof einen kleinen provisorischen Friedhof errichtet, weil die toten Soldaten nicht abtransportiert werden konnten wegen der Kämpfe. Die Gräber liegen direkt neben den Klassenräumen. Da müssen wir jetzt also an so einer Stelle eine Schule wiederaufbauen. Die Gräber wird man verlegen. Als ich diese Schule mit ihrem provisorischen Friedhof zum ersten Mal sah, stand ich wirklich sprachlos da.

Und dann sind wir auch in die Dörfer wie zum Beispiel Blagaj gefahren, die noch zur Großgemeinde Mostar gehören und noch immer beschossen werden. In diesen kleinen Dörfern draußen haben sich die Besuche meist beim Dorfpfarrer abgespielt; auch die Politiker trauten sich in dieser Atmosphäre dann, mit mir zu sprechen.

Die Pfarrhäuser sind gut ausgerüstet mit ordentlichen Weinen aus der Region und anderen feinen Genußmitteln, und so konnte man in entspannter Atmosphäre über alles sprechen. Ich sehe es als Verpflichtung im Sinne meiner Aufgabe und zugleich als Genuß an, mich auf die Gepflogenheiten hier – das gute Essen, den vortrefflichen Wein – einzulassen. Da kommt man leichter ins Gespräch und faßt auch schneller Vertrauen. Ich habe während meiner Jahre in der Politik nie verstanden, daß einige Kollegen meinten, es müßte bei Verhandlungen immer sachlich und nüchtern zugehen: Politik wird von Menschen gemacht; die müssen sich näherkommen, um Feindseligkeiten und Ideologien überwinden zu können.

In einer solchen Atmosphäre öffnen sich die Leute, sie gewinnen Vertrauen und erzählen, was sie in den vergangenen Jahren erlebt haben. Und zugleich erkennen sie, was für ein Mensch da in ihre Stadt gekommen ist. Solche Gespräche werden natürlich dadurch erschwert, daß ich die Sprache hier nicht spreche: weder bosniakisch, noch serbisch, noch kroatisch. Auf diese Unterscheidung legen die einzelnen Seiten hier sehr viel Wert. Selbstverständlich wäre es besser, ich könnte eine der Sprachen von hier. Denn jeder noch so gute Dolmetscher nimmt etwas vom Charme der Sprache. Wenn ich aber die Sprache beherrschte, hätte dies auch Nachteile. Einige Mostarer würden empfindlich darauf achten, wie ich spreche, und deuten: »Aha, dies ist ein serbischer Akzent, dies ist ein bosniakischer Ausdruck, dies ist ein kroatisches Wort.«

Und daraus würden sie dann ableiten, daß wir einer Seite besonders nahestehen. Jetzt sind wir eben auch sprachlich die Neutralen, kommen eindeutig von draußen.

So behelfen wir uns mit Dolmetschern. Wir haben schnell einige junge Mädchen gefunden, die deshalb gut sind, weil sie sich niemandem verpflichtet fühlen. Die übersetzen genau das, was gesagt wird, ohne falsche Rücksichten. Oft geht es auch in Englisch oder Deutsch – ein Teil der Älteren kann Deutsch, und die Jungen haben Englisch in der Schule gelernt, viele von ihnen auch auf ihren Reisen durch Europa.

Wenn die Menschen erst einmal offen erzählen, wird deutlich, wie kompliziert die Verhältnisse hier sind. Man muß erkennen, daß es Vertreibungen und Mord nicht nur von einer Seite gab. Sicher haben die Kroaten die größere Zahl von Menschen aus West- nach Ost-Mostar vertrieben; aber auch aus dem Osten wurden Menschen vertrieben – oft heißt es, sie seien freiwillig gegangen. Doch diese Freiwilligkeit würde ich sehr in Frage stellen. Was heißt freiwillig, wenn die Nachbarn und vielleicht auch die Behörden durch Gesten und auch in Worten deutlich machen, daß du nicht mehr erwünscht bist?

Also: Auch Kroaten und Serben sind hier vertrieben worden, auch muslimische Extremisten haben sich schuldig gemacht. Und in Zentralbosnien wiederum sieht die Sache schon anders aus, da haben gerade die Muslime auch viele Kroaten vertrieben. So entsteht mit jedem neuen Gespräch ein immer dichteres Knäuel von Strängen, in denen sich die Außenstehenden und genauso die Einheimischen nur schwer zurechtfinden können. Das bedeutet indes nicht, daß alles gleich ist, alle die gleiche Schuld tragen. Hier müssen wir ganz genau hinschauen und unterscheiden: Wer hat angefangen? Welche Pläne wurden verfolgt? Wer hat die größten Untaten begangen? Das sind sicherlich Fragen, denen sich die Menschen später stellen müssen – wenn wieder ein gewisses Vertrauen zurückgekehrt ist. Für uns ist es am besten, die Fragen vorerst außen vor zu lassen.

Für die einzelnen kroatischen, muslimischen oder serbischen Familien zählen diese Fragen im Moment ohnehin nicht, wenn sie selbst etwas erlitten haben. Es wird wichtig für sie sein zu erkennen, daß auch andere viel erlitten haben, vielleicht noch viel Schlimmeres – durch ihr Volk. Aber vorerst zählt für sie nur ihre eigene Geschichte. Dies gilt besonders, wenn sie noch in Not leben. Da sind die vielen tausend Muslime, die aus West-Mostar vertrieben wurden, in deren Häuser aber heute oft Kroaten leben, die selbst aus ihrer Heimat vertrieben wurden. Diese Kroaten können nicht zurück, weil ihre Heimat besetzt ist – mitunter von Muslimen. So kompliziert ist das, und deshalb ist die Flüchtlingsfrage für mich hier eine der schwierigsten Aufgaben.

Fast bei jedem meiner Spaziergänge bin ich von Vertriebenen angesprochen worden. »Meine Wohnung ist auf der anderen Seite. Wann kann ich zurück? Können Sie etwas für mich tun?« Mir bleibt nichts anderes übrig, als um Geduld zu bitten. Ich könnte die Rückführung der Flüchtlinge im Moment nicht durchsetzen, dazu fehlt mir die Macht – aber selbst wenn ich das könnte: Ich wüßte nicht, wie ich es anstellen sollte. Ich kann nicht jene, die jetzt dort wohnen und auch Opfer sind, auf die Straße setzen.

Kapitel 5

Jens Schneider: »Warum klopfen sie nicht alle Steine?«

September 1994

Nedim spielt im Garten seiner Eltern, als die Mörsergranate einschlägt – nur wenige Meter von ihm entfernt. Zahllose Splitter der Granate verwunden den Körper des kleinen Jungen. Und doch sagen einige Leute hinterher, daß Nedim Glück gehabt hat. Außer Narben wird nichts von den Verwundungen zurückbleiben. Nur ein paar Meter weiter, und die Granate hätte den kleinen Jungen aus der Siedlung am Stadtrand von Ost-Mostar zerfetzt. Nun sitzt seine Mutter am Krankenbett im kleinen Hospital des Ostteils und versucht, zu dem Kleinen durchzudringen, der im Schockzustand verängstigt auf dem großen Bett liegt. Die Mutter flüstert und streichelt ihn, doch noch reagiert er kaum.

Sie haben also wieder einmal zugeschlagen. Die Granate, deren Splitter Nedim verletzt haben, wurde von den Serben aus den Bergen abgeschossen. Granaten wie diese erinnern die Mostarer immer wieder daran, daß auch nach Hans Koschnicks Ankunft nichts als sicher gelten darf, allemal nicht der Waffenstillstand. »Das einzige, was hier gewiß ist, ist, daß wir keine Gewißheit haben«, sagt Jerrie Hulme vom Weltflüchtlingshilfswerk immer wieder zu seinen Mitarbeitern. »Auf nichts kannst du dich verlassen. Wer Vorhersagen macht, ist ein Dummkopf.« Monatelang hatten die Serben nicht auf Mostar geschossen, nun plötz-

lich schlug wieder eine Granate ein. Fast niemand macht
sich die Mühe, nach Gründen zu suchen. Was gibt es schon
für Gründe in diesem Krieg?

Sie wollten sich einfach in Erinnerung bringen, sagt ein
Bosnier. Ein Diplomat, der die Serben vor Mostar in diesem
Sommer besuchte, hat von einem ihrer Anführer die Aus-
kunft bekommen: »Wenn mir danach ist, dann lasse ich auf
Mostar schießen.« Hängt also das Schicksal der Mostarer
von den Launen einiger Militärs ab? Die Angriffe auf
Zivilisten könnten auch einer perversen Logik gehorchen:
Seit dem Frühjahr 1994 versucht die von Muslimen beherrschte bosnische Regierungsarmee in einer Offensive
von den Serben kontrollierte Gebiete zurückzuerobern.
Wenn die bosnische Armee irgendwo vordringt, antworten
die Serben häufig mit Granatangriffen auf bosnische Städte, die sie aus Stellungen in den umliegenden Bergen im Vi-
sier haben. Doch wählen die Serben eher Städte wie Sarajewo, Tuzla, Bihac oder Gorazde als Mostar für ihre Gegen-
schläge. Denn in der Regel respektieren die Serben den
Waffenstillstand im Amtsbereich der Administration. Und
weil auch die Kontrahenten in Mostar, die Kroaten und die
Muslime, sich in der Stadt selbst an die Waffenruhe halten,
haben sich einige Mostarer schon so sehr an die Ruhe ge-
wöhnt, daß sie sogar wieder erschrecken, wenn es in der
Ferne donnert. Noch im Dezember 1993 zählte der Lärm
der Granaten zum Alltag; nur wenn er ganz nahe war und
gefährlich werden konnte, reagierte man überhaupt.

»Das Donnern war schon etwas Normales geworden«,
sagt die Übersetzerin Ada. »Zehn Monate Belagerung
sind eine lange Zeit.« Die dreiundzwanzigjährige Muslimin, die perfekt deutsch und englisch spricht, hatte
während der schlimmsten Kriegsmonate in Kellern Unter-

schlupf gesucht, nun lebt sie mit ihrem Mann wieder in ihrer Wohnung an der Hauptstraße. Sie arbeitet für die Europäische Administration als Dolmetscherin. Es ist fast wieder wie vor dem Krieg: Eine große Spinne im Türwinkel jagt Ada Angst ein, und sie erschrickt, wenn plötzlich eine Maus aus einem Loch huscht und durch das Zimmer rennt. »Ja, ich fürchte mich wieder vor Mäusen«, sagt sie grinsend. »Das habe ich vor ein paar Tagen festgestellt. Ist das nicht ein gutes Zeichen?«

Vorbei sind die Zeiten, als freie Flächen nur im schnellen Schritt oder sogar laufend überquert werden konnten. Nun schlendern viele Mostarer wieder durch die Straßen.

Entspannt sitzen die alten Männer auf Bänken oder Stühlen vor ihren Häusern. In den Wochen seit Koschnicks Ankunft ist das Leben geschäftiger geworden. Vorher fuhren im muslimischen Ostteil Mostars nur wenige Autos, meist Landrover der internationalen Hilfsorganisationen. Als im Juli ein kleiner Lada und ein Tankwagen mit Wasser vor ihren Augen zusammenstießen, mußte Ada lachen: ein Unfall in Ost-Mostar, wo so lange beinahe keine Autos gefahren sind! Inzwischen müssen die Fußgänger an der Hauptstraße wieder die Bürgersteige benutzen, weil der Verkehr so stark zugenommen hat. Einige Mostarer haben ihre Privatwagen, die während des Krieges untergestellt waren, hervorgeholt, die muslimische Polizei verfügt bereits über eigene Streifenwagen, und schwere Lastwagen mit Hilfsgütern passieren die Stadt auf ihrem Weg ins bosnische Landesinnere. Und es gibt sogar schon wieder ein Taxi.

Ada hat zusammen mit ein paar Freunden ein Café aufgemacht. Sie will sich schnell etwas aufbauen, die verpaßte Zeit soll aufgeholt werden. Auch einige Restaurants haben eröffnet. Und obwohl die Mehrzahl der Ost-Mostarer weiter auf die triste Kost der Volksküchen angewiesen ist, finden sich doch ein paar Gäste ein. In den Restaurants werden Cevapcici für fünf Mark angeboten oder die Pljeskavica, ein großes Hacksteak, für sieben Mark; eine Cola oder ein Kaffee kosten eine Mark. Die bosnische Regierung hat zwar neues Geld drucken lassen, den bosnischen Dinar – aber die Gastwirte und die Besitzer der kleinen Läden, die wieder eröffnet haben, akzeptieren nur Deutsche Mark. Weil es kein Kleingeld gibt, hat die Stadt anfangs sogar gestempelte bunte Bons mit dem Aufdruck »2 DM« oder »1 DM« in Umlauf gebracht.

In Mostar werden Zeichen der Hoffnung gesetzt, heißt es im Monatsbericht des UNO-Flüchtlingshilfswerks UNHCR im September 1994: Sechzehn bosnisch-muslimische Flüchtlinge sind freiwillig aus ihrem Zufluchtsland Dänemark zu ihren Familien nach Mostar zurückgekehrt. Vierzehn von ihnen kommen zurück, obwohl sie während des Krieges in kroatischen Lagern interniert waren. Sie wollen sich am Wiederaufbau beteiligen und nicht weiter in Dänemark warten. Die Regierung in Kopenhagen hat ihnen zugesichert, daß sie innerhalb von drei Monaten nach Dänemark zurückkehren dürfen, wenn die Lage in der Stadt sich wieder verschlechtert.

Obwohl in Ost-Mostar nur vereinzelt Flaschenzüge zu sehen sind und in jeder Straße meist nur an einem Haus gespachtelt und gemauert wird, wirken die Menschen zuversichtlich. Die Stadt scheint aus ihrer Ohnmacht erwacht zu sein. Und doch klagen die Mitarbeiter der Hilfsorganisationen, sie hätten mehr Engagement von den Einheimischen erwartet. »Warum packen die nicht alle an? Wir sehen so viele Leute, die hier rumsitzen. Da müßte doch ein

Ruck durch die Menschen gehen. Wir müssen die Leute manchmal zur Arbeit drängen.« Zugleich aber bringen oft dieselben Helfer Verständnis auf: »Wer will schon in so einer Situation wieder aufbauen? Wer will das, wenn alles in wenigen Sekunden durch eine Granate zerstört werden kann! Da ist doch von Anfang an alles für die Katz!« Und sie wissen nicht, ob die Herumsitzenden sich wirklich vor der Arbeit drücken oder vielleicht nur für einen Tag Urlaub von der Front in die Stadt gekommen sind.

Am Stadtrand im Südosten hat das Technische Hilfswerk aus Deutschland im August 1994 im Auftrag der Europäischen Administration eine Fabrikhalle zum Bauhof umgebaut. Dort lagern lange Holzplanken, Säcke voll Zement und zahllose Ziegel; Glas wird zugeschnitten, Holz gesägt. Alle Ost-Mostarer, deren Häuser nicht zu mehr als dreißig Prozent zerstört sind, können Baumaterial gratis bekommen. In diesen Wochen ziehen Angestellte der Stadt von Haus zu Haus, bemessen die Schäden und stellen Bezugsscheine aus. Das THW hat einige Mostarer eingestellt, sie beladen die blauen Kleinlaster und fahren das Baumaterial aus.

So wie hier das THW den Bauhof führt, haben viele europäische Organisationen Aufgaben übernommen, die der kleine Stab der Europäischen Union allein nicht bewältigen kann. Rund zwanzig Experten und Diplomaten aus fast allen europäischen Ländern sind mittlerweile im Hotel Ero bei der EU-Administration eingetroffen; noch immer sind nicht alle Planstellen besetzt. Selbst dann aber werden die Fachleute der Europäischen Union beschränken müssen. Sie sollen die Verwaltungen aus dem Osten und dem Westen auf gemeinsame Projekte verpflichten und die Hilfsorganisationen bei ihrer Arbeit unterstützen.

Die Hilfsorganisationen haben die Patenschaft für konkrete Projekte übernommen: So betreuen zum Beispiel engagierte Jugendliche von der Gruppe »Schüler helfen Leben« aus Deutschland den Wiederaufbau einer Schule, vier weitere Schulen baut das »Swiss Desaster Relief« auf – eine Schweizer Nothilfeorganisation. Ein Altersheim im Ostteil der Stadt wird im Verbund von mehreren Organisationen gebaut.

Auf dem Bauhof des THW hat der Vorarbeiter Halil für seine Baukolonne ausschließlich alte Männer ausgesucht. Sie bekommen ein kleines Gehalt in D-Mark ausgezahlt. »Bei den Alten weiß ich, daß sie das Geld auch wirklich für ihre Familie einsetzen«, sagt Halil. »Bei den Burschen wüßte ich das nicht.« Ohnehin könnte er kaum junge Bosniaken einstellen, weil fast alle zum Militär eingezogen sind, an der »Linie stehen«, wie die Mostarer den Fronteinsatz nennen – und viele andere haben in den letzten Monaten Bosnien-Herzegowina verlassen, um dem Krieg zu entgehen. Auch das ist ein Grund für den zögerlichen Wiederaufbau: Es fehlt fast eine ganze Generation junger Männer.

Zu den ersten Kunden von Halils Fahrern gehörte Jasmin Sapuh. Der Rechtsanwalt wohnt mit seiner Familie in Cernica, einem von den Muslimen beherrschten Wohnviertel auf der Westseite. Es liegt nahe an der Konfrontationslinie, kein Haus ist hier ohne Schaden geblieben. Sapuhs Haus wurde im ersten und im zweiten Krieg mehrfach von Granaten getroffen; nun will er die Löcher an beiden Kopfseiten und das Dach zusammen mit Freunden und Nachbarn reparieren. »Auf der einen Seite haben die Serben reingeschossen, auf der anderen die Kroaten. Und jetzt machen wir es wieder ganz«, sagt er. Denkt er manchmal darüber nach, daß schon morgen alles wieder kaputt sein kann? »Nein«, antwortet Jasmin. »Wir bauen wieder auf. So oder so! Das Leben muß doch weitergehen!«

Wenn die Muslime im Ostteil Mostars von ihrer Angst sprechen, dann denken sie meist nicht zuerst an die Serben hinter den Bergen, sondern vor allem an die Kroaten im Westteil. Die Anwesenheit von Hans Koschnick scheint sie zumindest ein wenig zu beruhigen. Einige nennen ihn weiter »Hassan« und nun auch »Baba«, das »Väterchen«. Von Koschnick erwarten sie Hilfe und Schutz: Wenn sein dunkelblauer, gepanzerter Mercedes mit der Nummer EU-AM 01 einige Tage lang nicht im Ostteil der Stadt gesehen wird, beginnen die Muslime, bange Fragen zu stellen. »Wir haben Angst, daß Herr Koschnick die Stadt verlassen hat, weil ein Angriff bevorsteht. Wissen Sie, wo er ist und ob er wieder zurückkommt?« wird eine seiner Mitarbeiterinnen bei einem Besuch im Ostteil gefragt, als sich der Administrator für kurze Zeit in Deutschland aufhält. »Er ist doch bestimmt gegangen, weil er gewarnt wurde!«

Genährt wird die Angst durch die undurchlässige Grenze zwischen Ost- und West-Mostar. Woher sollen die Muslime wissen, was die auf der anderen Seite ausbrüten, wenn sie monatelang nicht gesehen haben, wie es drüben zugeht? In den Köpfen auf beiden Seiten droht sich das Feindbild zu verfestigen. »Wir werden nie vergessen, was die uns angetan haben!« hört man jetzt im Osten oft, öfter noch als zu Koschnicks Amtsantritt. Es wird erzählt, daß einige schon Listen aufgestellt haben, wen sie auf der Westseite zuerst umbringen wollen, um Rache zu üben.

Aber vielleicht ist das auch nur eines von jenen langlebigen Gerüchten in Mostar, die weiterleben, weil sie immer wieder von Leuten erzählt werden, die sie auch nur gehört haben. Gewiß ist, daß die Überlebenden meist ge-nau wissen, wer ihre Familie vertrieben hat, wer die Toch-ter vergewaltigt hat, wer den Bruder getötet hat. Die Täter waren häufig frühere Bekannte und manchmal Nachbarn. Auch bei Kroaten verbindet sich schreckliche Erfahrung mit Mißtrauen und Gelüsten einiger, die Bosniaken zu ver-treiben.

Nicht vergessen wollen – oft heißt das nur, daß man meint, dem früheren Nachbarn nie wieder trauen zu kön-nen und sich immer vor ihm in acht nehmen will. Der bei der Administration für das Schulwesen zuständige Öster-reicher Helmut Buchmann berichtet von einem Erlebnis mit einem Politiker von der muslimischen Seite: Mitarbei-ter der Europäischen Administration haben den Muslim mit in den Westteil genommen. Dort bittet er, daß man ihn in sein früheres Wohnviertel fährt. Er möchte sich in der Apotheke eine dringend benötigte Medizin besorgen. Als der Wagen schließlich hält, traut er sich aber nicht hinaus. Er fürchtet um sein Leben und wünscht Begleitschutz. Erst nach langem Zureden und Zögern wagt er sich auf die Straße und in die Apotheke. Er wird freundlich begrüßt; die Kroaten freuen sich, ihn zu sehen. Als er nach einem längeren Gespräch zum Auto zurückkehrt, ist der Mann erstaunt und verwirrt.

»Wir hier im Ostteil sind Gefangene. Wir können uns nicht frei bewegen«, klagt Safa, der alte Händler an der *stari most*, wie viele Muslime. »Da hat sich seit dem Waf-fenstillstand nichts geändert.« Weiterhin gestatten die kroatischen Behörden nur zweihundertundfünfzig Alten, Frauen und Kindern täglich den Besuch im Westteil. Aus dem provisorischen Checkpoint an der Demarkationslinie am zerschossenen Kaufhaus Hit hinter der Tito-Brücke ist eine kleine Grenze geworden: Statt eines Zeltes steht dort nun eine feste Holzhütte, in der die Posten beider Seiten die Passierscheine der Besucher kontrollieren. Es gibt Tage, da halten es die Polizisten ganz locker mit der Kontrolle; an anderen Tagen zeigen sie sich verbissen und wollen alles genau prüfen.

Die Hoffnung aus dem Juli, daß an der Sperre langfristig von ganz allein Lässigkeit und Schlendrian einziehen könnten, hat sich nicht erfüllt. Und weil nur so wenige täglich die Seiten wechseln dürfen, gibt es auch kaum Gelegenheit, Feindschaften abzubauen und alte Bindungen neu zu knüpfen. Nach den Monaten der Trennung weiß kaum einer, wie es auf der jeweils anderen Seite aussieht. Als Mitarbeiter der EU einen Arzt aus dem Westteil zu Gesprächen mit in den Osten nehmen, kehrt der Mediziner entsetzt zurück. »Er hat einfach nicht gewußt, wie sehr dieser Teil der Stadt zerstört wurde«, erinnert sich sein westeuropäischer Begleiter. »Das hatte er nicht erwartet.« Auch im Osten der Stadt existieren falsche Vorstellungen über die andere Seite. »Die haben uns das angetan und leben nun im Luxus«, wird geklagt – daß die bunten, fast mondänen Fassaden der schicken Cafés und Boutiquen auf der Hauptstraße die Armut auch vieler Kroaten nur oberflächlich verdecken, will in Ost-Mostar kaum jemand wahrnehmen. Vielleicht weiß man es auch nicht.

In den Verhandlungen unter Führung der Europäischen Union blockiert die kroatische Seite alle Anstrengungen, den Personenverkehr zwischen West und Ost auszuweiten. Aber auch Hans Koschnick zögert: Solange es keine verläßliche, gemeinsame Polizei auf beiden Seiten der Stadt gibt, würde der freie Personenverkehr ein großes Risiko bedeuten. »Ich kann keine Toten in der Stadt gebrau-

Weg über die zerschossene Tito-Brücke zum Checkpoint Charlie zwischen Ost- und West-Mostar

Blick aus dem Hotel Ero auf Ost-Mostar

chen«, sagt er. »Wenn hier Leute versuchen würden, in ihre Wohnung zurückzukehren, aus der sie herausgeworfen wurden und in der heute vermutlich Vertriebene aus Zentralbosnien leben, könnte es zu schlimmen Vorfällen kommen. Und das würde uns weit zurückwerfen.« Und von einer gemeinsamen Polizei, die unter Anleitung von Polizisten aus Ländern der Westeuropäischen Union WEU entstehen soll, ist die Stadt noch weit entfernt. Von einigen kroatischen Politikern wird offenbar jeder Schritt abgelehnt, der beide Seiten wieder näher zu einer gemeinsamen Stadt führen könnte.

Schon nach wenigen Wochen zeichnet sich für die EU-Administration deutlich ab, wie die beiden Seiten zur Wiedervereinigung Mostars stehen. Die Muslime identifizieren sich vollkommen mit allen Vorschlägen der Administration, die Kroaten bremsen. »Die Kroaten halten den Schlüssel für die Wiedervereinigung der Stadt in der Hand«, sagt der Ost-Bürgermeister Safet Orucevic. »Wir haben für die einheitliche, multiethnische Stadt Mostar gekämpft. Dafür sind unsere Menschen gestorben. Wir betrachten die EU-Mission als Schritt in diese Richtung. Deshalb werden wir sie unterstützen.«

Die Hardliner im Westteil verhehlen nicht, daß sie die Zusammenführung der Stadt ablehnen und auf die Anwesenheit der EU-Administration wenig Wert legen. »Wir können auch ohne die Hilfe der Europäischen Administration auskommen«, sagt Mile Puljic, der zweite Mann in der Mostarer Stadtverwaltung hinter dem Bürgermeister Mijo Brajkovic. Puljic ist für seine deutliche, wenig diplomatische Ausdrucksweise bekannt und wird dem unversöhnlichen Flügel der kroatischen Politiker in Mostar zugerechnet. Daß er sich gern unverblümt ausdrückt, hat ihm schon einige Male Probleme bereitet – unterstützt doch die kroatische Seite offiziell die Ziele der Administration. Puljic erklärt deshalb Reportern erst einmal, wie oft seine Worte schon falsch wiedergegeben worden seien, gibt sich einige Minuten weltmännisch und legt dann doch alle Zurückhaltung ab: »Die Muslime und Kroaten gehören zwei verschiedenen Zivilisationen an«, behauptet er. »Der Westen der Stadt ist der kroatische Korpus. Das darf uns niemand wegnehmen. Wir haben mit den anderen nie zusammengelebt, und jetzt besteht eine psychologische Mauer zwischen beiden Seiten.« Die Muslime dürften auf der Westseite leben, »aber sie müssen hier nach unseren Regeln leben.«

Noch kann niemand genau sagen, welcher der beiden Flügel auf der kroatischen Seite letztendlich stärker ist: die Bremser oder die Reihe der Moderaten um Bürgermeister Brajkovic. Brajkovic vertritt die kroatische Seite bei allen Verhandlungen und zeigt sich meist gutwillig. »Mostar muß eine Stadt mit einer Stadtverwaltung sein«, sagt er. »Wenn wir alle zusammenarbeiten, erwarte ich einen Erfolg des Projekts der Europäischen Union.« Mit seiner Kompromißbereitschaft stößt Brajkovic indes immer wieder an die Grenzen seiner Macht, und viel scheint davon abzuhängen, wie sehr sich die kroatische Regierung in Zagreb für das Zusammenwachsen der Stadt einsetzt und Druck auf die unversöhnlichen Kroaten ausübt.

Auch über deren Absichten wird indes gerätselt. Offiziell hat sich der kroatische Präsident Tudjman für die Zusammenarbeit mit den Muslimen entschieden, andererseits aber hat er früher mehrfach sein Mißtrauen gegen die Muslime bekundet. Dem serbischen Präsidenten »Milosevic kann ich trauen, den Muslimen nicht«, hörte etwa der einstige amerikanische Botschafter Warren Zimmermann vor dem Ausbruch des bosnischen Krieges von Tudjman.

An den Verhältnissen im Westen der Stadt hat sich wenig geändert. Noch immer werden Muslime, wenn auch in geringerer Zahl als in den Monaten zuvor, aus ihren Wohnungen vertrieben. Plötzlich klopft die Polizei am Morgen an die Tür, durchsucht die Wohnung und setzt die Bewohner auf die Straße. Sie haben kaum Zeit, das Nötigste in ein paar Taschen zu packen. Ihnen bleibt nur der Weg in den Ostteil, ihre Wohnung ist vermutlich kroatischen Flüchtlingen versprochen. Der schwedische Flüchtlingsbeauftragte der EU-Administration Bo Kälfors nimmt die Klagen der Vertriebenen zur Kenntnis; einschreiten kann er nicht, ihm fehlen die Mittel und die Macht.

Kapitel 6

Hans Koschnick: Mit einem Attentat mußten wir rechnen

Oktober 1994

Mit einem Attentat auf den Administrator mußten wir immer rechnen – auch wenn ich keine Panzerfaust erwartet hatte. Wir wußten, daß ich einigen hier sehr das Geschäft verderben werde. Dabei ging es nicht in erster Linie um Politik. Wenn so lange Zeit Krieg herrscht wie hier und dabei die staatliche Ordnungsmacht zerfallen ist, also niemand mehr da ist, der für die Einhaltung von Recht sorgt, entwickeln sich allmählich Verhältnisse, in denen es zwar den meisten sehr schlecht, einigen mit krimineller Energie aber sehr gut geht.

Diese Kriegsprofiteure verdienen gut am Krieg oder zumindest an den unsicheren Verhältnissen. Deshalb haben sie auch wenig Interesse daran, daß sich etwas ändert. In Mostar sagt man dazu ganz einfach: Mafia. Das Wort Mafia klingt indes sehr spektakulär, vielleicht zu spektakulär. Aber in jedem Fall ist klar, daß es Probleme gibt. Die Kroaten selbst gestehen ein, daß sie Schwierigkeiten haben. Sie sagen uns das nicht unbedingt bei den täglichen Besprechungen, aber man kann es zwischen den Zeilen heraushören, wenn wir zu besonderen Anlässen beim Umtrunk länger zusammensitzen. Da kommen die kroatischen Politiker dann auch mal auf ihre Nöte zu sprechen, erzählen, welche Sorgen sie mit ihren eigenen Leuten haben. Auch für den Bürgermeister ist es nicht einfach, diese

Kräfte in den Griff zu bekommen, die hier durch den Krieg Macht und Einfluß gewonnen haben.

Für solche Leute bin ich eine Bedrohung – so wie es die ganze Europäische Administration ist. Und wir wissen, daß es keinen hundertprozentigen Schutz geben kann. Ich soll hier Menschen wieder miteinander ins Gespräch bringen, Verbindungen knüpfen – das geht nicht, wenn ich mich in meinem Büro verstecke oder nur hinter kugelsicherem Glas durch die Stadt fahre. Und es reicht auch nicht, wenn ich die Hände von ein paar ausgewählten Leuten schüttele. Ich will und brauche den direkten Kontakt zu den Menschen dieser Stadt. Da läßt sich auch bei sehr guten Leibwächtern ein Risiko nie ausschließen.

Nun ist es immer noch ein gewaltiger Unterschied, ob jemand – so wie im Sommer geschehen – Leute für ein Attentat anwirbt oder ob es dann am Ende auch wirklich dazu kommt. Wir wissen, daß einige derer, die im Sommer angeworben wurden, sich den deutschen Behörden gestellt haben. Die sind lieber ins Gefängnis gegangen, als die Pläne umzusetzen. Hiesige Akteure hatten die Stadt verlassen, als wir ankamen, sind aber inzwischen in nicht geringer Zahl wieder zurückgekehrt. Wir ahnten im September, daß sich etwas zusammenbraute.

Das Wochenende vom 10./11. September war eigentlich ein Meilenstein für die Administration: Die Fertigstellung der von England gebauten und finanzierten Pionier-Brücke direkt im Stadtzentrum, dort, wo die frühere Tito-Brücke stand, sollte für alle hier eine enorme Erleichterung bedeuten, weil es damit endlich wieder eine direkte Straßenverbindung von Ost nach West gab – auch wenn die Kroaten mit diesem Projekt nicht sehr glücklich waren. In ihren Augen hilft diese Brücke nur der anderen Seite, weil sie muslimisches Gebiet verbindet: das Ostufer mit dem kleinen muslimischen Vorposten am Westufer. Diese kroatischen Vorbehalte machen deutlich, wie schwer das Helfen hier immer wieder fällt: Einerseits wissen alle, daß der Osten weitaus mehr zerstört ist als der Westen und dementsprechend mehr Hilfe braucht. Andererseits aber wollen die Kroaten, daß wir Hilfe paritätisch verteilen – das geht nicht, doch darf auch kein Eindruck der Einseitigkeit entstehen. So habe ich die kroatische Seite unter anderem damit beruhigt, daß wir auch den Wiederaufbau der Potoci-Brücke finanzieren würden. Dies ist nun eine Pionier-Brücke, wo beide Ufer von den Kroaten kontrolliert werden. Beide Brücken sind jedoch nur Provisorien. Die erste wieder aus Stein gebaute Brücke in Mostar wird die Zarenski-Brücke sein, die alte Zoll-Brücke; im Moment stehen davon nur noch die Reste der Brückenköpfe. Sie wird die beiden Volksgruppen wieder direkt miteinander verbinden. Die Bürgermeister Orucevic und Brajkovic haben versprochen, daß sie diese Brücke gemeinsam eröffnen wollen.

Am Vorabend der Eröffnung der Tito-Brücke saßen wir im Hotel Ero zusammen, als ich noch einen unerwarteten Anruf aus Ost-Mostar erhielt: Der Präsident von Bosnien-Herzegowina, Alija Izetbegovic, wollte mich gern am nächsten Tag zur Mittagszeit in Sarajewo sehen, hieß es. Er wollte mit mir über Dinge sprechen, die in der kommenden Woche bei einer gemeinsamen Zusammenkunft mit dem kroatischen Präsidenten Franjo Tudjman in Zagreb eine Rolle spielen sollten. Hauptsächlich ging es um die weitere Arbeit der Europäischen Union für die Föderation in Bosnien-Herzegowina und damit um die Zukunft von Mostar.

Selbstverständlich wollte ich fahren, doch die Reiseplanung gestaltete sich ausgesprochen schwierig. Die erste Absicht, mit UNPROFOR-Hubschraubern nach Sarajewo zu fliegen, mußte fallengelassen werden – es standen für den folgenden Tag keine Helikopter zur Verfügung. Mit dem PKW ging es auch nicht auf direktem Wege, denn dort mußten serbische Linien durchkreuzt werden, und die Serben fordern eine Anmeldefrist von mindestens vierundzwanzig Stunden. Die offene Strecke von Mostar nach Sarajewo führt über den Berg Igman und kann an einigen Stellen von serbischen Einheiten eingesehen und beschossen werden. Dennoch habe ich am Ende entschieden, daß ich über die offene Straße durch die Berge nach Sarajewo fahren will – auch ohne Sicherheit.

Doch im Kreis der Administration brach eine Diskussion aus. Es sei doch viel zu riskant, über die Berge zu fahren, warnte mein Kollege aus Schweden, Bo Kälfors. »Da wird geschossen!« Und dann wurde gestritten, ob es denn wirklich so dringend wäre, ob ich unbedingt schon am nächsten Tag fahren müßte: Du fährst nicht, doch du fährst, du fährst nicht. Es ging hin und her, und darüber verging die Zeit, und noch einmal versuchten wir einen Hubschrauber zu bekommen. Da plötzlich knallte es gewaltig, kurz nach Mitternacht. Wie sich später herausstellte, hatte man mit einer Panzerfaust auf meine Unterkunft geschossen. Bei dem Anschlag blieb mein Schlafzimmer unversehrt, aber mein Wohnraum und ein anderes Zimmer gleich daneben wurden zerstört. Also kann ich mich bei meinem Botschafter aus Schweden bedanken, der die Debatte angefangen hat, und bei Präsident Izetbegovic, wegen dessen Anruf ich nicht in meinem Zimmer war. Vielleicht verdanke ich beiden mein Leben. Man weiß ja nie.

In der anschließenden Aufregung war es wichtig, daß keine unnötigen Gerüchte entstehen, damit sich in der Stadt keine Unruhe ausbreitet. Auch galt es, keine schnellen Schlüsse zu ziehen, insbesondere nicht vorschnell eine Seite zu verdächtigen. Deshalb habe ich in meiner ersten Erklärung betont, daß wir noch nicht wüßten, wer geschossen hat, daß die Untersuchungen laufen. Es durfte aus meiner Sicht nicht passieren, daß das Attentat unverzüglich einer Volksgruppe angelastet würde.

Schnell stellte sich dann jedoch heraus, daß die Panzerfaust von einem Grundstück auf der kroatischen Seite abgeschossen wurde, das nicht weit vom Hotel Ero liegt. Die Ermittlungen ergaben, daß es mit ziemlicher Gewißheit Kroaten waren, die vermutlich im Auftrag von Hintermännern geschossen haben, deren Namen wir wiederum nicht kennen. Vier Leute wurden verhaftet. Sie sind nach langer Untersuchungshaft heute wieder frei. Ich habe in diesen Fällen auch nicht auf weiterer Strafverfolgung bestanden, schließlich handelte es sich hier nicht um die Drahtzieher, sondern nur um Leute, die man nach meinem Eindruck angeheuert hatte – kleine Fische sozusagen. Mich interessieren die Hintermänner.

Die Zagreber Kroaten haben sich sofort nach dem Attentat für die Handlungen kroatischer Terroristen entschuldigt, und insbesondere der kroatische Präsident Franjo Tudjman hat einen Riesenkrach geschlagen und seine Leute in der Herzegowina auf Vordermann gebracht. Einige auf der hiesigen kroatischen Seite waren auch wirklich entsetzt über den Anschlag – selbst Kritiker unserer Administration fühlten: Das ist zuviel, das hätte nicht passieren dürfen. Zwar gab es hier genug Skepsis und Kritik mir gegenüber von kroatischer Seite, aber nun spürte man auch unter den Skeptikern Irritation und Bedauern. Man kann also den Kroaten keineswegs vorwerfen, daß sie nach dem Attentat einfach zur Tagesordnung übergegangen seien.

Das Attentat hatte schließlich auch seine positiven Seiten: Für einige Zeit zumindest zeigten sich die Kroaten weitaus kooperativer, das ging sicher auch auf Druck aus Zagreb zurück. Die Hardliner, die sonst bremsten, hielten sich zurück. In den zweieinhalb Monaten seit Ende Juli mußten wir nämlich immer wieder beobachten, daß von kroatischer Seite abgeblockt wurde, wenn es um das konkrete Zusammenwachsen der Stadt ging: die Schaffung der gemeinsamen Polizei und einer vereinten Verwaltung. Dabei zeigte sich mein direkter Gesprächspartner Mijo Brajkovic, der Bürgermeister der kroatischen Seite, in der Regel sehr kooperativ, warnte höchstens mal: »Bitte nicht so schnell, Herr Koschnick!« Es waren Männer im Hintergrund, die die Blockaden organisierten und auch Brajkovic immer wieder einmal bremsten. Zu spüren bekamen wir diese Vorbehalte am ehesten über die Medien, wo man über unsere diesbezüglichen Bemühungen mit einem ablehnenden Unterton berichtete.

Doch nach dem Anschlag lief es auch da wesentlich besser; es wurde nicht mehr alles, was die Administration machte, so skeptisch und sogar feindselig aufgenommen wie zuvor. Man muß wissen: Die Journalisten hier stehen deutlich unter dem Einfluß der Politik; oft genug habe ich schon versucht, sie anzustacheln, doch mehr ihrem eigenen Urteil zu vertrauen und ihrem Berufsanspruch auf kritisches Überprüfen von Informationen mehr gerecht zu werden. Aber sie sind eben spürbar eingebunden.

Zudem hat es für die Menschen in der Stadt auf beiden

Seiten viel bedeutet, daß wir nach dem Attentat geblieben sind, daß wir weitergemacht haben. Das konnten wir hier in der Administration in Gesprächen spüren – auch wenn nicht alle es direkt sagten, so doch an der Offenheit. Vorher war bei manchen eine gewisse Skepsis zu spüren. Sie hatten wohl das Gefühl, daß wir beim ersten Schuß die Stadt verlassen würden.

Für mich persönlich war nach dem Attentat sofort klar, daß ich bleiben würde. Andernfalls hätten die Attentäter ja ihr Ziel erreicht, mich und die Administration aus der Stadt zu bringen. Meine Frau wurde in Bremen von Außenminister Klaus Kinkel angerufen. Er hat sie gefragt, ob er mich zurückholen soll, ihr ausdrücklich die Entscheidung überlassen. Ihre Position war aber eindeutig: Sie hatte mir schon frühmorgens nach dem ersten Telefongespräch gesagt, du kannst nicht weglaufen, andernfalls hättest du gar nicht erst hinfahren dürfen.

Aber ich hätte jeden meiner Mitarbeiter verstanden, der sich lieber verabschiedet hätte nach dem Anschlag. Ich habe am Morgen deshalb alle Mitarbeiter der Administration zusammengerufen und jedem einzelnen freigestellt aufzuhören. Ich habe klipp und klar gesagt: »Wer hier weggeht, ist kein Feigling! Das Bleiben oder Gehen müßt ihr mit Euch und Eurer Familie abmachen. Wir sollen hier Aufbauarbeit leisten und sind nicht dazu da, daß man uns abknallt.« Ich habe es auch so gemeint; das war kein rein rhetorisches Angebot. Ich hätte wirklich jeden verstanden, der sich gemeldet hätte.

Aber alle Mitarbeiter haben gesagt, daß sie bleiben wollen. Dabei muß man bedenken, daß nicht alle so wie ich das Rentenalter erreicht haben. Unser Stab besteht auch aus jungen Leuten, die ihr Leben noch vor sich haben –

doch auch die sechsundzwanzigjährige Sekretärin hat entschieden, daß sie hierbleiben will. Sie alle haben gesagt:
»Wir haben hier eine Aufgabe zu erfüllen.«

Ich denke, diese Entscheidung hat auch mit der besonderen Atmosphäre in Mostar und innerhalb der Administration zu tun. Eine sehr kleine Mannschaft von Menschen aus verschiedenen europäischen Ländern ist hier
sehr schnell zusammengewachsen. Es handelt sich ja dabei um Menschen, die freiwillig hergekommen sind – sie
wollten und wollen etwas bewegen und nicht in tages-
üblicher Routine erstarren. Da sind schon viele sehr indi-
viduelle Persönlichkeiten darunter: Leute mit Ecken und
Kanten, die mich immer wieder faszinieren. Wir leben und
arbeiten nun alle auf sehr engem Raum zusammen. Wir
begegnen uns schon beim Frühstück, dann bei der Mor-
genbesprechung und dann noch mehrfach am Tage.
Abends sitzt man vielleicht noch zusammen und diskutiert über die Entwicklung der Arbeit für Mostar – und dabei entsteht eine Atmosphäre, die guttut. Man weiß, daß
man zusammengehört und etwas zusammen bewegen
will.

Und natürlich sind die Leute in der Administration fas-
ziniert von dieser Stadt, die viele in Bann schlägt. Es ist
eine besondere Stimmung: Aufgrund ihrer Situation in
Mostar sind viele Mitarbeiter und Mitarbeiterinnen sehr
offen, suchen das Gespräch und sind dankbar für aufrich-
tige Kontakte. Wohl jeder hier hat zudem bei seiner Arbeit
Bindungen aufgebaut und Einheimische näher kennengelernt, für die es sich lohnt zu arbeiten. Ich glaube, auch denen gegenüber fühlt man sich verpflichtet.

Kapitel 7

Jens Schneider: In Rick's Café

Ende November 1994

Sie nennen es »Rick's Café«. Und wer einen Tag hier verbringt, versteht warum: Ins Café im Foyer des Hotel Ero kommen täglich Menschen, deren letzte Hoffnung der Hausherr ist – so wie Humphrey Bogart im Film ›Casablanca‹ für Viktor Laszlo. Hier treffen Kriegsopfer und Kriegsgewinnler aufeinander, Friedensstifter und Kriegsverbrecher, Flüchtlinge und Vertreiber.

Wir sehen Uniformen in allen Farben: das Blaugrau der kroatischen Polizei, die grüne Kluft deutscher Beamter und das Marineblau der französischen Gendarmen, einige Soldaten tragen Khaki und die Männer von der Beobachter-Mission der Europäischen Union ihre weißen Anzüge. »Eismänner« werden sie wegen ihrer weißen Hosen, Hemden und Pullover von den Jugoslawen seit der Ankunft vor mehr als drei Jahren genannt.

Dies ist Babylon: An jedem Tisch wird eine andere Sprache gesprochen, an manchen sind zwei oder drei gleichzeitig zu hören. Hier unterhalten sich zwei Blauhelmsoldaten in ihrer spanischen Muttersprache, am Nachbartisch wird ständig zwischen englisch, deutsch und französisch gewechselt. Gleich daneben reden eine bosnische Muslimin und ein Kroate miteinander, und es klingt, als sprächen sie die gleiche Sprache, die einmal Serbokroatisch genannt wurde. Heute aber entdecken – manche sagen: erfinden – die Patrioten auf beiden Seiten immer neue

Unterschiede. Und so spricht die junge Frau nach offizieller Lesart »bosnisch«, der junge Mann »kroatisch«. Beiden fiele es indes sehr schwer, sich so auszudrücken, daß sie einander nicht verstehen.

»Rick's Café« ist ein Wartesaal. Ein Gespräch mit Hans Koschnick oder einem Mitarbeiter soll Probleme aus der Welt schaffen: Eine junge Frau braucht Hilfe, weil Kroaten die Wohnung ihrer vertriebenen muslimischen Mutter besetzt haben. Die Amerikanerin Melissa Payson sucht den Beistand des Administrators, damit ihr Hilfsprojekt vor dem Stillstand bewahrt wird. Der Versuch, beide Seiten in ihrem Saft- und Joghurtprojekt zusammenzubringen, ist gutgegangen. »Zuerst waren die Kroaten mißtrauisch, ob der muslimische Saft nicht vielleicht giftig ist. Aber mittlerweile wollen sie immer mehr. Beim Joghurt ist es genauso.« Probleme hat Melissa Payson mittlerweile mit den muslimischen Behörden, und Hans Koschnick versucht zu vermitteln. Ein Franziskaner-Bruder, dessen dunkelbraune Kutte zwischen den Uniformen auffällt, hofft auf europäisches Geld für seinen Orden. »Ohne Zuschüsse kann unsere Jugendhilfe nicht weiter bestehen. Wir wollen den jungen Menschen etwas anderes bieten als den Krieg«, sagt er. »Einer unserer Brüder bringt ihnen Tango und Walzer bei. Sie können bei uns auch Sprachen lernen, und mit unseren Gesprächskreisen führen wir sie wieder zu einem normalen Leben.«

Ständig treffen neue Besucher ein. Mostarer, die sich einen Job erhoffen; Kroaten, die heute in Bremen oder Rüsselsheim leben und »dem Herrn Koschnick« viel Glück wünschen wollen für seine Arbeit, und immer wieder neue Besuchergruppen aus den EU-Staaten. Journalisten aus Italien, die schnell durch die Stadt geführt werden – einmal *stari most* und zurück –, Europa-Parlamentarier aus Straßburg, die während eines Kurzbesuchs prüfen sollen, wie das Projekt der EU läuft.

Rick's Café ist eine Nachrichtenbörse. An einigen Tischen hocken Techniker und Übersetzer der Hilfsorganisationen beim Cappuccino zusammen, bevor sie wieder zu ihren Baustellen fahren. Fast jeder weiß Neuigkeiten zu erzählen, die schnell an den Tischen ihren Kreis ziehen – und es ist schwer, die Gerüchte von den wahren Nachrichten zu unterscheiden. Am Rand der Stadt in Blagaj und Potoci sind wieder serbische Granaten gefallen. An einem Checkpoint in Richtung Ost-Mostar haben kroatische Polizisten einen Hilfskonvoi mehrere Stunden aufgehalten, ohne eine Begründung zu nennen. Und dann gibt es ständig Neues über die jüngste Offensive der muslimischen Armee. Sie war ein Fiasko, da sind sich alle einig. Aber sind über hundert muslimische Soldaten gefallen, wie einer sagt? Oder waren es einige Dutzend? Haben die Befehlshaber Fehler gemacht, oder zahlten die Muslime wieder den Preis dafür, daß sie weniger Waffen haben? Hatte vielleicht jemand die Serben gewarnt?

Das Foyer des Hotel Ero, sagt einer von Koschnicks Kollegen, sei wie Wallensteins Lager oder eben wie Rick's Café – diesen Namen haben die EU-Leute gefunden. »Du siehst jeden Tag schillernde Gestalten«, sagt er, »ein Gemisch so bizarr wie das Leben in Kriegszeiten.« Im Hotel Ero wurden Waffenschieber gesehen, die auf Kunden warteten, und vor ein paar Tagen hat ein hochrangiger muslimischer Politiker über Stunden mit einem berüchtigten kroatischen Kriegsverbrecher zum Essen zusammengesessen. Rundherum an den kleinen Tischen machte man sich aufmerksam. »Siehst du, wer da zusammenhockt?« Und

wer beide nicht kannte, vielleicht weil er gerade erst aus
London oder Paris angekommen war, dem wurde eben berichtet, wer da so einträchtig und freundschaftlich zusam-
mensaß – »wie alte Freunde«. Wer hier unten lange genug
wartet, bekommt vielleicht auch den Hausherrn zu sehen,
der allerdings Humphrey Bogart kein bißchen ähnlich
sieht: Hans Koschnick.

Der Administrator führt seine Geschäfte im Arbeitszim-
mer im sechsten Stock des Hotels. Tagsüber sieht man ihn
im Erdgeschoß meist nur, wenn er vom Treppenhaus zum
Ausgang eilt, mit einem kräftigen, schnellen Schritt. »Ma-
rathon-Mann« nennen ihn manche, weil er – stets aufrecht,
den Brustkorb ein wenig gebläht – so eilig marschiert, daß
einige Begleiter ab und an kleine Sprünge einlegen müssen, um Schritt halten zu können. Wenn er ausnahmsweise
früher von einem Termin wiederkommt, setzt er sich vielleicht für ein paar Minuten mit seinen Leibwächtern zum
Kaffee und einem Schnaps, dem hochprozentigen Loza,
ins Foyer. Der Mann fällt kaum auf im wilden Treiben, nur
wenn er wieder einen Witz gerissen hat und sein lautes
Gelächter durch den Raum dringt, merken die anderen
auf – ach, Koschnick ist auch hier unten.

Der Deutsche hat das Hotel Ero als Quartier gewählt,
weil es direkt an der früheren Frontlinie und heutigen
Grenze zwischen beiden Stadthälften gelegen und damit
für die Menschen aus beiden Teilen der Stadt leicht er-
reichbar ist. Zudem ist der sechsstöckige, moderne gelbe
Bau als beinahe einziges Haus an Mostars Waffenstillstandslinie fast unversehrt. Nur ein paar Schritte weiter
zum Fluß hinunter sieht der Besucher nichts als Trümmer;
wenn Koschnick aus dem Ero hinunter in die nächsten
Straßen nach Osten guckt, blickt er auf menschenleere,

ausgebrannte Häuser. Häuser ohne Dach, mit weit klaffenden Löchern in den Seiten.

Weshalb blieb ausgerechnet das Hotel Ero im Krieg weitgehend verschont? In Mostar sind zwei verschiedene Versionen zu hören. Hier die schöne Geschichte zuerst: Das Hotel Ero war vor dem Krieg ein Altersheim; noch heute leben in einem Flügel alte Frauen und Männer, einige von ihnen sind jeden Tag im Foyer des Hotels zu sehen. Einer spaziert mit langsamen, kurzen Schritten durch den Pulk der Polizisten, Übersetzer und Ingenieure und genießt offenkundig die lebendige Atmosphäre. Ein anderer kommt oft ins Foyer, um nach den Blumen zu schauen, oder er vertreibt sich die Zeit damit, Stühle an den Tischen zurechtzurücken.

Das Altersheim ist ein Relikt aus dem alten Jugoslawien. Serben, Muslime und Kroaten leben gemeinsam in den Zimmern, und wer sich bei ihnen nach dem Befinden erkundigt, fühlt sich um mindestens drei Jahre zurückversetzt: »Wir haben doch immer zusammengelebt. Das ist doch eine ganz normale Sache, wir kennen uns doch gut.« Nun wird erzählt, alle Kriegsparteien hätten aus Respekt vor den hilflosen Alten das Gebäude, in dem heute die EU-Administration ihren Sitz hat, verschont. Darum sei es eben fast frei von Einschüssen.

Die zweite Version erscheint realistischer: Während des Krieges gegen die Muslime unterhielt die Kroatische Armee HVO im Hotel Ero eines ihrer wichtigsten Lagezentren – also haben die Kroaten das Gebäude bewußt ausgespart. Im bosnischen Krieg haben die Militärs es fast zu einem Prinzip gemacht, wichtige Stellungen oder Befehlsposten unmittelbar neben, hinter oder vor Krankenhäusern, Altersheimen und Schulen einzurichten. So kön-

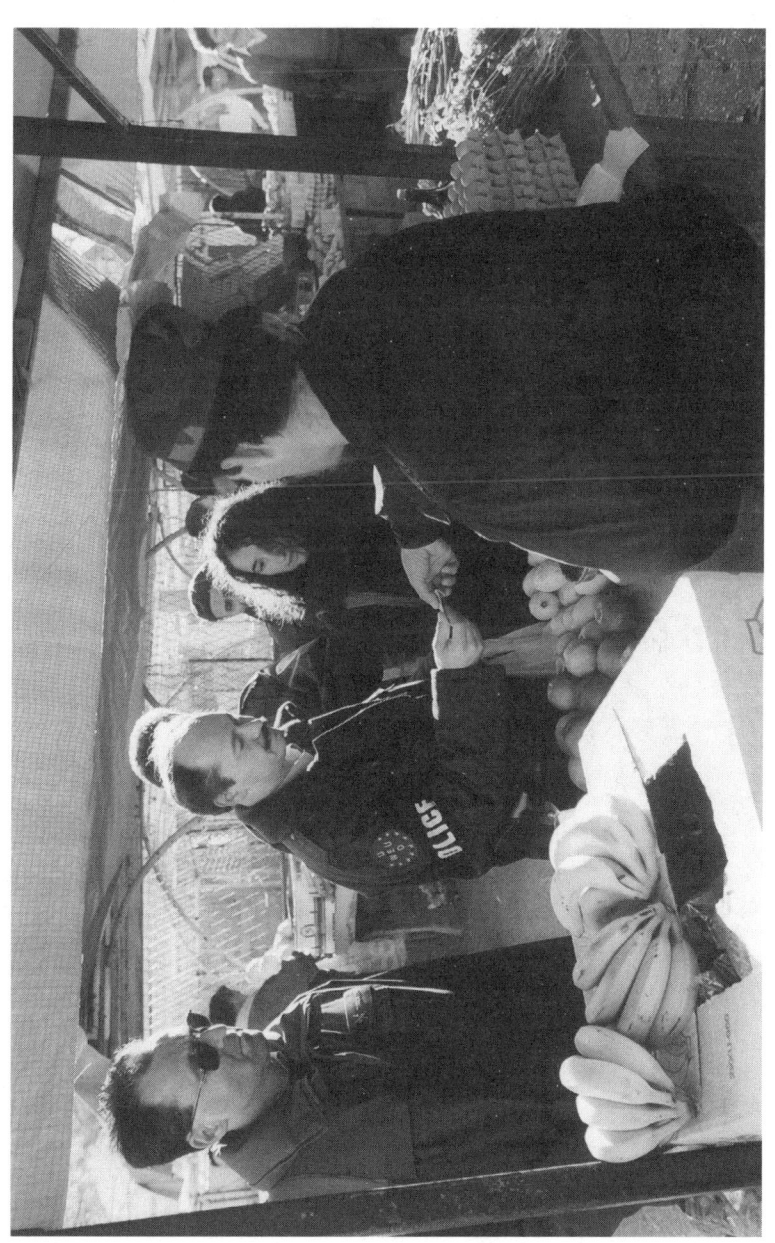

WEU-Polizist auf dem Markt in Ost-Mostar

Kroatische und muslimische Posten am Checkpoint Charlie

nen sie, wenn dann auf diese Gebäude geschossen wird, den Gegner zumindest der Unmenschlichkeit bezichtigen. Manchen Muslimen soll es anfangs nicht gefallen haben, daß die Europäische Administration mit dem Hotel Ero ein früheres Quartier der kroatischen Militärs als Unterkunft wählte. Andererseits aber war es gerade die muslimische Stadtverwaltung, die Hans Koschnick drängte, das an der Waffenstillstandslinie gelegene Hotel Ero als Quartier zu nehmen, damit auch die Menschen aus dem Ostteil ohne Probleme zur EU kommen können. Bewußt hat Koschnick nur die Stockwerke eins bis sechs für die Büros und Unterkünfte der Administration reserviert, das Erdgeschoß soll für alle offen sein.

Doch noch ist das reine Theorie: Mindestens zwei kroatische Sperren müssen die Muslime aus dem Ostteil passieren, wenn sie am Checkpoint am Hit-Platz vorbei zur Administration wollen. Und in der Regel akzeptiert die kroatische Polizei, die auch den Eingang zum Hotel bewacht, nur Sonderausweise von der Administration. Daran hat auch eine schriftliche Vereinbarung vom September nichts geändert, in der beide Seiten den freien Zugang zum Hotel garantiert haben. Einmal hat die Ostseite auf Wunsch der Administration drei Polizisten herübergeschickt, die zusammen mit den Kroaten Dienst tun sollten. Verschüchtert warteten sie ein paar Stunden an einem Tisch im Foyer, keiner wußte von ihrem Auftrag, die Kroaten wollten sie nicht haben, und am Ende wurden sie lieber wieder heimgefahren.

Zu einer Begegnungsstätte ist das Hotel noch nicht geworden. Nur die Politiker von beiden Seiten und die Übersetzerinnen und Fahrer, die für die EU arbeiten, treffen aufeinander. Manche haben sich hier wiedergetroffen oder sogar neue Freundschaften geschlossen. Sie begegnen einander, als sei der Krieg eine Sache der anderen gewesen. Doch auch unter den Dolmetschern werden ethnische Grenzen gezogen. »Ich habe mich mit einer Muslimin angefreundet. Wir gehen oft zusammen Mittag essen und reden darüber, wie wir uns unsere Zukunft vorstellen«, erzählt uns eine junge Kroatin. »Einige der Kroaten hier sehen das nicht gern. Ich bin gefragt worden, warum ich mich mit ihr einlasse!«

Vor dem Hotel steht ein Fuhrpark mit weißlackierten Autos, die das blaue EU-Emblem tragen. In den Konferenzräumen des Hotels werden Seminare über den Wiederaufbau der Stadt oder den Umgang mit traumatisierten Kriegsopfern abgehalten, vor dem Aufgang zu den oberen Stockwerken wachen europäische Polizisten. An den Ortseinfahrten zu Mostar haben die Europäer große Schilder aufstellen lassen: »Gebiet der EU-Administration von Mostar«. Auf der kroatischen Seite hat es nicht lange gedauert, bis einige der Schilder verschwunden waren. Es entwickelte sich ein Katz-und-Maus-Spiel: Die Administration ließ neue Schilder anbringen, die verschwanden erneut, die dritte Schilderfolge steht nun schon länger.

Um 8.15 Uhr beginnt der offizielle Arbeitstag der Administration mit dem »Morgentreffen«, bei dem alle EU-Mitarbeiter – es sind bereits an die dreißig – über die aktuelle Lage informiert werden. Amtssprache ist Englisch. Hans Koschnick spricht es nicht eben perfekt, dafür aber genauso schnell wie seine Muttersprache; »mein Pidgin-Englisch« nennt er es. Wie sonst auch verschluckt er Silben, oder die Wörter eines ganzen Satzes gehen ineinander über – zumindest seine englischen Kollegen müssen sich manchmal bemühen, ihn zu verstehen. »Koschnikow«

nennen ihn einige Mostarer, weil er Worte – in jeder Sprache – so schnell ausstößt, wie eine Maschinengewehrsalve
aus dem Lauf kommt.

Koschnick scheint ständig unter Volldampf zu stehen. In
polterndem Englisch treibt er alle um sich herum an – die
Mostarer genauso wie seine Mitarbeiter. Hände und Arme
reden stets mit: Wer kritisiert wird, wird zugleich umarmt;
zumindest streckt Koschnick den Arm aus, und die Kritik
verliert an Schärfe. Und doch mußte Koschnick sich schon
einige Male sagen lassen, daß er im Stab nicht so oft brül-
len soll. Sein Temperament kann auch anstrengend sein.
Wenn die Situation es erfordert, kann Koschnick auch leise
sein, dem Gesprächspartner zu verstehen geben, daß nun
seine Meinung gefragt ist, seine Erlebnisse gehört werden
sollen. Dann scheint seine ganze Energie ins Ermuntern zu
gehen: Reden Sie weiter, ich höre genau zu, will jede Einzelheit wissen. Und wenn jemand die Leiden seiner Familie beschrieben hat, wartet er, läßt ein paar Augenblicke
vergehen, als suche er nach den richtigen Worten. Und redet auf einmal ganz langsam, ganz verständlich, Silbe für
Silbe.

Nach vier Monaten ist der EU-Stab beinahe vollständig
– als Abteilungsleiter stehen Koschnick Experten aus verschiedenen Ländern Europas zur Seite, nicht nur aus EU-
Ländern: Aus der Schweiz kam Hans Birchler als juristi-
scher Berater, für Kultur und Sport ist der Jurist Oswald
Schröder zuständig, er gehört der deutschen Minderheit in
Belgien an und hat sich als Kämpfer für Rechte der Deutschen dort profiliert. Schröder ist noch nicht lange da –
und vielleicht deshalb besonders optimistisch. »Ich glaube,
wir können hier viel erreichen«, sagt er. »Im Sport und in
der Kultur habe ich auf der mittleren Ebene eine Menge

Leute kennengelernt, die Feindschaft überwinden wollen.« Schröder sitzt oft an den Abenden lange mit Bosniern zusammen. »Da habe ich schon große Ohren bekommen vom Zuhören. Ich habe in den wenigen Wochen bereits sehr viel gelernt über diesen Krieg. Es ist schon eine besondere Situation: Wir lernen alles jeden Tag ein wenig mehr verstehen, stehen aber noch am Anfang. Und zugleich müssen wir die Dinge vorantreiben, damit das Projekt gedeiht.«

John Yarwood, ein britischer Stadtplaner, soll den Wiederaufbau der Stadt mit seinem Ressort vorantreiben. Schon nach wenigen Wochen haben einige EU-Mitarbeiter den Brillenträger, der vorher in der Entwicklungshilfe arbeitete, auch per Spitznamen als ihren »Philosophen« identifiziert. Yarwood wirkt gelegentlich entrückt, als brüte er ständig über existentielle Dinge; wird er etwas gefragt, passiert manchmal einige Augenblicke nichts, dann runzelt Yarwood die Stirn, und bald darauf gibt er in sehr feinem Englisch eine sehr feinsinnige Antwort.

Der frühere Rüsselsheimer Bürgermeister Norbert Winterstein kümmert sich um den Wiederaufbau der Verwaltung. Er gehört zur Riege der »Bellheimer« – jenen Männern, die eigentlich in den Ruhestand wollten, sich dann aber nicht lange bitten ließen, als sie in Mostar gebraucht wurden. Winterstein ist einer der wenigen *Heads* oder *Heads of departments*, wie die Ressortleiter intern heißen, den Koschnick selbst ausgesucht hat – die anderen wurden von ihrer Regierung bestimmt. Er war gerade in Pension gegangen, als Koschnicks Anruf kam: »Bekannte grüßten mich mit ›Ei, Rentner Winterstein, wie geht's?‹ Sie meinten es nett, aber es kam doch zu früh – Mostar war dann eine Herausforderung«.

Nur eine Benennung rief bei den Einheimischen Kritik hervor: Als der Journalist Dragan Gasic – ein ausgewiesener Kenner des Balkans – von der österreichischen Regierung als Pressesprecher für die Administration vorgeschlagen wird, entfachen besonders kroatische Zeitungen über die deutschen Korrespondenten eine Kampagne, die widerspiegelt, wie sehr sie in ethnischen Kategorien denken: Gasic sei Serbe, lautet der zentrale Vorwurf. Er hänge der jugoslawischen Idee an. Tatsächlich war Dragan Gasics Vater Serbe, seine Mutter Österreicherin. Sein Vater lebte die längste Zeit in Kroatien; Gasic selbst ist österreichischer Staatsbürger. Die Behauptungen werden von den West-Mostarer Medien eilfertig übernommen, bald begegnen wir ihnen in Gesprächen mit Mostarern, auch in Ost-Mostar. »Hans Koschnick kann nicht auf unserer Seite sein«, sagt ein junger Muslim, den wir besuchen, um sein Haus anzuschauen, das er mit Hilfe von europäischen Sachspenden wieder aufgebaut hat. »Koschnick hat einen serbischen Tschetnik als Pressesprecher eingestellt.«

Durch die unausweichliche Nähe haben die *Heads* einander schneller kennengelernt, als es sonst üblich ist, schon nach wenigen Wochen scheinen alle miteinander sehr vertraut zu sein. Interesse an einem Leben in einer Luxusmission kann man ihnen kaum unterstellen: Die Zimmer im Hotel Ero sind karg, das Essen bestenfalls passabel, der Freizeitwert der Ruinenstadt ist gering. »So bleibt dir nichts anderes, als ständig zu arbeiten«, sagt der für Schulen zuständige Österreicher Helmut Bachmann. »Und hier gibt es überhaupt keine Bürokratie. Manchmal wünscht man sich sogar, es ginge zu Hause genauso: Dreißig, höchstens vierzig Leute reichen hier aus, weil es sich um Idealisten handelt. Für mich ist das faszinierend«, sagt der Österreicher. »Und am Abend sitzt du mit den gleichen Leuten zusammen und diskutierst, ob die ganze Sache überhaupt einen Sinn hat.« Besucher werden schnell einbezogen und nach ihrem Urteil gefragt. »Waren Sie schon in der Stadt unterwegs? Sehen Sie Fortschritte? Was ist Ihr Eindruck?«

Einer in der Runde ist der Schwede Bo Kälfors, der eine der schwersten Aufgaben übernommen hat. »Ich bin Berater für Flüchtlingsfragen«, sagt er, als wir uns zum ersten Mal treffen. »Und ich habe große Erfolge vorzuweisen: Drei alte Frauen konnte ich wieder in ihre Wohnungen zurückbringen. Davon muß ich Ihnen unbedingt erzählen.« Die Ironie ist unüberhörbar: Zehntausende sind aus ihren Wohnungen vertrieben worden, und Kälfors konnte bisher im Prinzip nichts anderes tun, als Listen erstellen zu lassen und Beschwerden zu sammeln. Als Kälfors und Jerrie Hulme vom UNHCR die Frauen im September aus einem Keller in Ost-Mostar abholten und über den Fluß zurück in ihre Wohnungen brachten, war dies ein trauriger und zugleich verheißungsvoller Moment. Fünf Wochen hatten Administration und UNHCR verhandelt.

Die Frauen weinten zum Abschied genauso wie jene Frauen, die mit ihnen im Keller gelebt hatten und bleiben mußten – und Jerrie Hulme versprach: »Wir helfen auch euch.« Doch die alten Damen bleiben Einzelfälle. Die anderen Vertriebenen warten weiter. Ihre Wohnungen sind seit Monaten besetzt, und die neuen Bewohner – oft selber Flüchtlinge – denken nicht daran, sie zu räumen.

»Wird Koschnick uns helfen können?« fragt Mujo, der mit seiner Familie im Sommer noch in der Massenunterkunft im alten Volkstheater lebte. Damals erzählte der

Muslim, wie kroatische Uniformierte eines Nachts während des Krieges seine Familie aus ihrer großen 4-Zimmer-Wohnung, auf die er so stolz war, aus dem Westen vertrieben hatten. Nun finden wir ihn unter anderen muslimischen Vertriebenen in einer Container-Siedlung etwas weiter den Berg hinauf wieder. Denn aus der Massenunterkunft im Theater mußte die Familie im Oktober ausziehen.

Mujo sitzt vor seinem Container und springt sofort auf, als er die Besucher aus Deutschland sieht. Er bittet aufs Sofa in seinen Container, bereitet Kaffee und bietet Schnaps an. Zwei Container hat die vierköpfige Familie für sich, bereitgestellt vom deutschen Nothilfekomitee Cap Anamur: In einem schlafen sie, im anderen stehen das kleine Sofa, ein Holzofen, auf dem sie auch kochen können, in der Mitte der Tisch und Stühle. Mujo kann uns diesmal empfangen, ohne daß alle Nachbarn dabei sind. Auf dem kleinen Rasenstück hinter den Containern hat Mujo Tomaten, Paprika und einige Kräuter ausgesät. »Das ist meine kleine Arbeit«, sagt er. »Ich kann nicht den ganzen Tag im Container sitzen.«

»Natürlich ist das hier besser als das Theater«, sagt er. »Aber«, sagt er dann, »ich habe doch eine Wohnung. Drüben auf der anderen Seite. Ich habe alle Papiere und kann das beweisen.« Er holt den Mietvertrag hervor und legt ihn auf den Tisch. »Da kann es jeder nachlesen. Es ist meine Wohnung.« Dann beginnt Mujo, von den Vorzügen seiner Wohnung zu schwärmen, es sind die gleichen Worte wie damals im Juli. Als sei die Zeit mit der Vertreibung stehengeblieben, als gäbe es nur noch die immergleiche Erinnerung. »Kennst du Enver Maric?« fragt er wieder. »Der hat als Fußballprofi in Deutschland gespielt und kam dann nach Mostar zurück. Ich kannte ihn gut. Enver Maric hatte nicht so eine schön eingerichtete Wohnung wie wir.«

Mujos serbische Frau geht oft in den Westteil Mostars – schon weil sie dort besser und billiger einkaufen kann mit den Deutschen Mark, die ihr Verwandte aus dem Ausland schicken. Anfangs erforderten die Besuche noch etwas Mut, sie fürchtete sich vor Häschern der anderen Seite – doch damit ist es vorbei. »Es hat sich alles sehr entspannt. Ich werde von kroatischen Freunden herzlich empfangen«, erzählt sie. »Meine alten Freunde und Nachbarn benehmen sich genauso wie vor dem Krieg. Wir haben schließlich nicht gegeneinander gekämpft.«

Im Juli war sie zu ihrer Wohnung gegangen und hatte entdeckt, daß ein Fremder dort wohnt. Seither meidet sie das Haus. »Dort wohnt jemand anderes«, sagt sie, »und ich kann es nicht ändern. Also warum soll ich dort hingehen?« Heute plagen Mujos Frau neue Sorgen. »Im Ostteil hat sich die Stimmung verändert. Die beiden Jungen werden immer öfter in der Schule von Mitschülern als Tschetniks beschimpft, weil ich Serbin bin. Und auch mir wurde von Leuten gesagt, ich solle doch nach Nevesinje gehen zu meinen Leuten. Aber hier sind meine Leute, hier gehöre ich hin.« Und wie schon vor vier Monaten holt sie ihren Blutspendeausweis heraus, um aufzuzählen, wie oft sie sich in den letzten Monaten hat Blut abnehmen lassen, »für alle, die es brauchten«.

Damals sollte die Karte ihre Loyalität gegenüber den Kroaten beweisen, nun geht es um die Muslime, ihre Nachbarn seit der Vertreibung. »Immerhin müssen wir von den Behörden nichts fürchten«, sagt sie. Bürgermeister Orucevic hat ihr einen Brief aufgesetzt und sie damit seinem Schutz unterstellt. Dennoch fragt sie sich, wie es weitergehen soll. »Wo können wir hin? Drüben im Westen hat sich die Lage für Serben beruhigt. Dort könnten die Kinder und ich vielleicht schon wieder leben. Aber Mujo wäre nicht willkommen, und wir hätten ja auch keine Wohnung.«

Im Westteil ist die Vertreibung von Muslimen aus ihren Wohnungen in den vergangenen Monaten weitergegangen. Manchmal kamen, wie zu Kriegszeiten, Gangs oder Soldaten, um die Wohnungen zu besetzen. In anderen Fällen deklarierten die Behörden die Vertreibung als legale Kündigung: Wohnungen im Westteil, die vor dem Krieg der Stadt gehörten, beansprucht nun die kroatische Verwaltung als ihren Besitz und spricht Kündigungen aus.

Nachdem er monatelang alles nur im Konsens regeln wollte und notfalls auf Lösungen verzichtete, hat Hans Koschnick am 22. Oktober mit einem Dekret auf diese Ausweisungen reagiert. »Alle Ausweisungsverfügungen gegen gegenwärtige Bewohner von Häusern und Wohnungen dürfen nicht ausgeführt werden, selbst wenn die Ausweisungen von zuständigen öffentlichen oder militärischen Behörden verfügt wurden«, heißt es in seinem ersten Dekret überhaupt.

Eine Schiedskommission, geführt vom juristischen Berater Hans Birchler, soll in Zweifelsfällen schlichten. Ausdrücklich wird betont: »Alle illegalen Ausweisungen durch Privatpersonen mit Hilfe von Gewalt oder Druck werden als kriminelle Handlung verfolgt werden.« Verfolgen soll die Polizei von Mostar; und die von der Westeuropäischen Union WEU gestellte Polizei der Europäischen Administration soll die Ermittlungen leiten und überwachen. Niemand bei der Administration erwartet, daß es wegen des Dekrets gar keine Wohnungsausweisungen mehr geben wird. Aber es führt schnell zu Konsequenzen.

Eine junge Frau meldet sich: Ihre muslimische Mutter ist aus ihrer Wohnung in West-Mostar vertrieben worden. Die Ausweisung wird für ungültig erklärt, die WEU-Polizei versiegelt die Wohnung und wacht, daß niemand sie neu besetzt.

Es ist das erste Mal, daß die europäischen Polizisten in Mostar mit so viel Nachdruck in Erscheinung treten. Die WEU-Polizei soll eine der wichtigsten Säulen bei der Wiederzusammenführung beider Stadthälften sein, doch die Polizeifrage erweist sich als größtes Problem der Mission. Verantwortlich sind dafür auch die WEU-Länder: Nur sehr zögerlich delegieren sie Polizisten nach Mostar und verschleppen damit den Aufbau der WEU-Polizei. Ende Oktober sind von den zugesagten hundertsechsundachtzig Polizisten erst hundert angekommen; immer wieder muß Koschnick in den Mitgliedsländern der Westeuropäischen Union nachfragen. Bei der WEU-Tagung in den Niederlanden platzt ihm schließlich der Kragen: Ob die Italiener noch nicht gekommen seien, weil Rom sie zu Fuß nach Bosnien geschickt habe, will er vom italienischen Verteidigungsminister wissen.

Die rund hundert Polizisten suchen noch nach ihrer Aufgabe. Sie sollen mithelfen, die neue Polizei aus den Kräften beider Seiten zusammenzuschmieden – nur scheitert dies schon daran, daß die kroatischen Behörden in West-Mostar sich dem Aufbau der neuen Polizei generell verweigern. So fahren die europäischen Polizisten gemeinsam Streife durch Mostar. Schon die gemeinsamen Streifengänge von Polizisten aus den Niederlanden und Deutschland sind ein europäisches Novum. »Diese europäische Zusammenarbeit gefällt allen Polizisten sehr gut«, sagt der nordrhein-westfälische Innenminister

Schnoor nach einem Besuch bei den Polizisten in Mostar. Und immerhin sagen einige Mostarer, daß die Anwesenheit der deutschen oder französischen Beamten sie durchaus beruhigt.

Wenn es ernst wird, müssen die WEU-Polizisten indes zusehen. In der Stadt fahren nach Polizeischätzungen mehrere tausend gestohlene Autos, die Mafiosi auf beiden Seiten der Neretva arbeiten mittlerweile Hand in Hand. Ihre Anführer sind keine Unbekannten, fast jeder kennt die Lokale der Mafiosi in der Stadt. Doch die WEU-Polizisten haben weder die Mittel noch die Macht, gegen die Gangs einzuschreiten. »Es gilt für die Polizei das Opportunitätsprinzip, nicht das Legalitätsprinzip«, sagt Schnoor nach einem Besuch. Im Klartext: Der Rechtsbegriff aus der Heimat muß verdrängt werden; es gibt halt Dinge, die auch ein deutscher Polizist in Mostar nicht ändern kann. So müssen die Polizisten sich den Anblick gestohlener Autos oder schwerer Maschinengewehre als Sinnestäuschung erklären. Doch sie haben einen geschulten Blick und erkennen schon lange, wer in dieser Stadt eigentlich zu ihren Kunden gehören sollte: Am Checkpoint haben sich heute wieder zwei von der Mafia getroffen, berichtet ein Polizist, sie haben wohl Geschäfte besprochen.

Weil in der wichtigen Polizeifrage durch die Blockadehaltung der kroatischen Seite keine Fortschritte erzielt werden, legt der Brite Sir Martin Garrod, der Stabschef der EU-Administration, Ende November vor der Presse alle Zurückhaltung ab. »Im Moment bewegen wir uns mit der Geschwindigkeit einer Rennschnecke«, klagt er. »Wir wissen nicht, wer hier eigentlich die Entscheidungen trifft. Ich habe das Gefühl, daß die Leute, mit denen ich verhandle, nicht die Entscheidungsträger sind. Vier Monate sind wir jetzt hier, und bis heute warte ich darauf, den Mann kennenzulernen, der sagt, daß er für die Polizei in West-Mostar verantwortlich ist, den Mann also, der Entscheidungen treffen und Befehle geben kann. Vielleicht gibt es so jemanden, aber ich habe oft nach ihm gefragt und weiß noch nicht, wer es ist.«

Immer wieder haben EU-Vertreter in den Verhandlungen mit der kroatischen Seite scheinbar Erfolge erreicht und Zusagen erhalten, die dann nicht eingehalten wurden – offenbar weil sie Männern im Hintergrund nicht paßten. Nun hat die EU einen toten Punkt erreicht, es geht in wichtigen Fragen nicht weiter. »Es ist offenkundig, daß es irgendwo Leute gibt, die eine Politik lenken, die nicht in Übereinstimmung mit dem *Memorandum of understanding* ist, das ihre eigenen politischen Führer unterzeichnet haben«, sagt Sir Martin. Deutlicher hat bisher öffentlich noch kein Sprecher der Administration die großen Schwierigkeiten beschrieben.

Intern werden die Mißstände offen angesprochen, verhehlt niemand, daß sich die beiden Seiten eher auseinander bewegt haben, denn aufeinander zu. Nach außen hin aber gibt sich die Administration weiterhin optimistisch. Sir Martin Garrods öffentliche Erklärung ist eine Ausnahme. Koschnicks Stabschef beendet sie mit einer Warnung: Die EU will vierzig Millionen Mark in den Wiederaufbau eines zentralen Krankenhauses im Westteil investieren – allerdings nur, wenn das Krankenhaus allen Bürgern Mostars zugänglich ist, Kroaten, Muslimen und Serben. »Wie soll das passieren?« fragt er. »Wenn es so weitergeht, wird man wohl noch im Juli 1996 über Kleinigkeiten wie gemeinsame Polizeipatrouillen von Kroaten und Muslimen an der früheren Frontlinie auf dem Boulevard diskutieren.«

Der Juli 1996. Das ist der Monat, in dem Hans Koschnick spätestens wieder zu Hause in Bremen sein will, dann
sind die zwei Jahre für die EU in Mostar abgelaufen. Wenn
die Europäer am Abend im Hotel Ero über die Entwicklung diskutieren, spielt dieses Datum oft eine Rolle. Können wir es in zwei Jahren schaffen? Oder fällt der erste
Schuß des neuen Krieges, sobald der letzte Europäer die
Stadt verläßt?

Einige sehen eine düstere Zukunft voraus, wohl auch in
der Hoffnung, daß ihnen widersprochen wird.

Der November 1994 ist einer der schwärzesten Monate
für Bosnien: Der Krieg eskaliert wieder. Die muslimische
Enklave Bihac bestimmt die Nachrichten, die Serben haben den Belagerungsring um Sarajewo wieder geschlossen. Die Menschen müssen wieder um ihr Leben fürchten.
Mostar ist auf den ersten Blick eine Ausnahme: Es herrscht
relative Ruhe, und der Wiederaufbau geht, wenn auch
schleppend, stetig voran. Doch die Stadt läßt sich nicht
vom Rest des Landes abkoppeln. Wegen der Konfrontation
mit den Serben um Bihac gilt, wie für alle Kräfte der EU
und der UN, auch im Hotel Ero der Alarmzustand. *Orange
Alert*, Alarm der Stufe Orange, wird verhängt, wenn die
NATO Luftangriffe auf serbische Stellungen plant, niemand soll das Hotel verlassen, alle werden gebeten, sich
auf die Evakuierung vorzubereiten. Für kurze Phasen wird
auch die Alarmstufe Rot verhängt: Alle sollen sich in den
sicheren Keller begeben.

In der Stadt ist von der Aufregung wenig zu spüren. Besonders in West-Mostar gehen die Menschen wie immer
ihren Geschäften nach; im Osten ist ohnehin seit Mitte Oktober der Alarmzustand ausgerufen – wegen der Kämpfe
der muslimischen Truppen gegen die Serben unweit des

Stadtgebiets. Die Cafés und Restaurants sind geschlossen, auf den Straßen aber ist kaum weniger los als sonst; auf dem Markt an der Neretva, auf dem die Händler Bananen und Orangen, Kohl und Kartoffeln verkaufen, herrscht dichtes Gedränge. Die jüngste Offensive der Muslime gleich außerhalb des Amtsbereichs der EU-Administration endete in einem Fiasko: Auf einen kurzfristigen Geländegewinn folgt ein Rückschlag mit schweren Verlusten. Über die Zahl der Toten wird spekuliert. »Sie versuchen die Verluste als Folge einer serbischen Attacke darzustellen«, sagt ein junger Bosniak in Ost-Mostar. »Aber alle hier wissen, daß unsere Seite einen Vorstoß gemacht hat, schließlich haben sie doch selber anfangs ihre Erfolge stolz in unserem Radio gemeldet.« Der junge Mann will seinen Namen nicht nennen. »Man kann auch eine Kugel in den Rücken bekommen«, sagt er.

Das ist neu: Die Wut der Muslime richtet sich nicht mehr allein gegen die Serben und Kroaten, die sie belagern oder im Ghetto halten, sondern zunehmend auch gegen die eigene Führung; nur will kaum einer laut seine Stimme erheben oder gar mit seinem Namen für die Kritik einstehen. »Die Muslime in Mostar sind kriegsmüde«, weiß man auch bei der EU im Hotel Ero. »Sie hatten gehofft, daß für sie alles vorbei ist. Die Regierung muß Verordnungen erlassen, damit die Männer noch einmal in den Krieg ziehen. Sie hat die Cafés geschlossen, damit die Soldaten nicht sagen können: Wir kämpfen, und hier vergnügen sich die Leute.«

In den November fällt die brutalste Attacke der Serben in Mostar seit Beginn der Amtszeit von Hans Koschnick. Am 11. November schlagen serbische Granaten in ein Nebengebäude der Kathedrale im Westteil der Stadt ein.

Dort sitzen Kinder beim Katechismusunterricht. Ein Mädchen wird von der Wucht der Granate getötet, sechs weitere werden verletzt. Eine von ihnen stirbt später im Krankenhaus. Die EU-Administration zeigt sich entsetzt, ist jedoch ebenso hilflos wie die betroffenen Kroaten. Hans Koschnick eilt zur Kathedrale, um sein Beileid zu bekunden. »Wer so etwas tut, ist ein Verbrecher«, sagt er dort. »Das hat nichts mit Krieg zu tun. Das ist ein Verbrechen.« Später in der Presseerklärung heißt es noch, daß er die Verteidigungsminister der Westeuropäischen Union informieren will und sich eine entschiedene Reaktion erhofft. Aber wie soll die aussehen? Auch nach diesem Anschlag müssen alle zur Tagesordnung übergehen.

Als Kroaten und Muslime im März 1994 auf europäischen und amerikanischen Druck hin beschlossen, ihren Krieg zu beenden und sich zu einer Föderation zusammenzuschließen, setzten sie sich auch Termine: Bis zum Herbst sollten in den einzelnen Kantonen neue Regierungen gebildet werden, in denen auch die jeweiligen Minderheiten repräsentiert sein sollten. Doch der Termin ist verstrichen und nichts ist passiert, eher hat sich das Verhältnis zwischen Muslimen und Kroaten verschlechtert.

Für die Föderation wurde zwar eine Regierung mit dem moderaten Kroaten Kresimir Zubak als Präsident einberufen, sie existiert indes weitgehend machtlos neben der bosnischen Regierung und der Regierung der selbsternannten kroatischen Republik *Herzeg-Bosna*, die eigentlich schon aufgelöst sein sollte. Wenn die Vereinten Nationen ihre monatlichen Bulletins über das frühere Jugoslawien veröffentlichen, gibt es auf den Landkarten Bosniens nur noch zwei Kriegsparteien: die Serben auf der einen, die bosnisch-kroatische Föderation auf der anderen Seite. Doch die Zusammenarbeit der Armeen besteht fast nur auf dem Papier. Wohl gibt es Absprachen zwischen den Führungen, man kalkuliert die Züge des neuen Partners in seine Strategie ein, aber die Armeen sind nicht vereinigt.

Politisch wie militärisch gilt: Keiner will für die Föderation Macht oder Gebiete aufgeben. Wo die Muslime dominieren, untermauern sie ihre Stärke; wo die Kroaten in der Übermacht sind, bauen sie ihre Stellung aus und geben nichts von ihrer Macht preis – so wie in Mostar.

»Sehen Sie, es geht doch voran«, sagt Pressesprecher Dragan Gasic, als ihm Anfang Dezember während unseres Gesprächs von einem Mitarbeiter eine Mitteilung zugereicht wird. Die Kroaten und Muslime haben sich mit der EU auf die Einrichtung eines logistischen Zentrums für die Polizei geeinigt. Hier sollen Polizisten beider Seiten von Mitte Dezember an die Zusammenarbeit der Polizei koordinieren.

Doch wieder folgt Ernüchterung: Das logistische Zentrum wird tatsächlich im Dezember eingerichtet, aber die kroatische Seite weigert sich, Polizisten dorthin zu schicken.

Kapitel 8

Hans Koschnick: Wir rennen gegen Wände

Ende November 1994

Im Spätherbst mußte ich Mostar für einige Tage verlassen, um in verschiedenen Hauptstädten Europas über die Entwicklung unseres Projekts in Mostar zu sprechen. Ich habe auch Washington besucht, wo ich mit den Amerikanern über Mostar, viel mehr noch aber über Bihac gesprochen habe. Denn Bihac hat in diesen Tagen Priorität. Es ist unverantwortlich, daß die Welt die Menschen dort monatelang ohne Hilfe läßt. Ich bin aus guten Gründen kein Verfechter einer Militär-Intervention, wir können Bosnien-Herzegowina nicht mit Gewalt von außen befrieden. Aber wir haben eine Verantwortung für die Menschen in den UN-Schutzzonen, wir müssen Bihac helfen. Das habe ich auch den Amerikanern gesagt. Europa und Amerika hätten Möglichkeiten gehabt, um Konvois nach Bihac durchzubringen – wir haben diese Chancen nicht ergriffen.

Gemessen an der Lage in anderen Teilen des Landes konnte ich aus Mostar Positives berichten: Die Menschen werden versorgt, es gibt wieder überall Wasser, und viele Häuser haben auch schon wieder Strom, die ersten Aufträge für den Wiederaufbau von Schulen und Kindergärten sind vergeben. Nach meiner Einschätzung haben wir in den ersten hundert Tagen siebzig Prozent von dem erreicht, was wir schaffen wollten – und das ist ein gutes Ergebnis, zumal sich die Lage rundherum verschlechtert hat.

Es wird immer wieder beklagt, daß die Einheimischen nicht viel selbst tun würden. Aber da muß man schon genauer hinschauen. Daß mittlerweile noch nicht in der ganzen Stadt Steine geklopft werden, liegt auch daran, daß auf beiden Seiten ein Großteil der Männer im besten Alter eingezogen ist – und ich kann noch nicht einmal was dagegen sagen, solange eine Frontlinie so nahe an der Stadt verläuft wie die serbische. Da kann ich nicht behaupten, daß das eine falsche Entscheidung ist, schließlich hat die Sicherheit für die Einheimischen zu Recht erste Priorität. Dennoch: Das bremst gewaltig, wir können diese Stadt nicht mit Alten und Kindern wiederaufbauen. Das Problem betrifft doch nicht nur die jungen Männer, die heute ihren Verteidigungsauftrag erfüllen. Vielmehr sind während des Krieges sehr viele gutausgebildete Kräfte ins Ausland geflohen. Sie wollten nicht auf ihre Freunde schießen, also sind sie gegangen. Ich weiß, daß sie zwar jetzt die Rückkehr reizt, aber sie kommen dennoch nicht, weil sie eben nicht zur Armee wollen. Sie würden sofort eingezogen werden – die Wehrpflicht gilt für alle von sechzehn bis sechzig Jahren. Das ist ein permanentes Problem für uns. Leider spüren wir mittlerweile übermächtig, wie sehr die Fachkräfte fehlen.

Unser Team ist, Gott sei Dank, sehr schnell zusammengewachsen. Wir mußten bei Null anfangen, kaum einer kannte den anderen – auch ich hatte auf die Auswahl meiner Mitarbeiter nur geringen Einfluß. Sie sind von den Regierungen ihrer Heimatländer benannt worden. Nur in dem einen oder anderen Fall bin ich gefragt worden, ob ich bereit sei, bei der Auswahl zu helfen. Die meisten aber kannte ich vorher nicht. Deshalb hätte ich nie angenommen, daß wir so schnell so reibungslos zusammenarbeiten werden.

UN-Kontrollposten am Checkpoint

Aber ich denke, was hier zusammenschweißt, ist, daß es nicht um Theorie geht, daß niemand sich bei Debatten aufhalten kann; es gilt, hautnahe Probleme gemeinsam zu lösen. Wir haben alle die Mentalität, helfen zu wollen. Das verbindet – bei allen Unterschieden. Sicher, der eine ist mehr philosophisch veranlagt, der andere mehr praktisch, der nächste eher fröhlich, wieder einer sehr nachdenklich. Aber das macht die Zusammenarbeit nur interessanter.

Gewiß sind meine Leute hier mit unterschiedlichen Kenntnissen über den Konflikt auf dem Balkan hergekommen und haben ein durchaus unterschiedliches Verständnis von diesem Land und den Ursprüngen der Krise. Daraus ergeben sich mancherlei verschiedene Vorstellungen darüber, wie wir Probleme konkret anpacken sollten. Das bedeutet im Extremfall, daß ich beim Morgentreffen immer wieder klar Stellung beziehen muß, damit wir an einem Strang ziehen. Wir können hier nicht sieben verschiedene Strategien haben, ich muß meine Mitarbeiter auf eine Linie verpflichten.

Einige meiner Leute sind fachlich sehr gut, aber kennen die politische Situation der Region noch nicht hinreichend, und ich sage dann: Sie sollten keine politischen Erklärungen abgeben – etwa über die Ursachen des Kriegs. Damit hat sich einer meiner Kollegen gerade unnötig bei einer Seite unbeliebt gemacht: Was er für eine anerkannte Tatsache hielt und deshalb auf einem Kongreß in Tuzla wiedergab, war für die Muslime nichts als kroatische Propaganda. Wir müssen uns hier immer wieder daran erinnern, daß wir uns in einer Art diplomatischem Minenfeld bewegen. Es gibt hier in der Stadt Leute, die nur darauf warten, uns kleine oder große Fehler nachzuweisen. Aber Probleme dieser Art sind selten. Das gemeinsame Ziel steht im

Mittelpunkt, und da gilt: Ein Haus ist ein Haus, das baut man nicht englisch oder französisch oder belgisch.

Unsere größeren Anfangsschwierigkeiten lagen woanders: Ich mußte sehr lange auf meine Leute warten, die Experten trafen nur allmählich ein, besonders deutlich spürten wir das in der Polizeifrage. Wenn Europa die Polizisten schneller geschickt hätte, wären wir vielleicht schon weiter. Solche Verzögerungen rühren einfach aus der Einzigartigkeit dieses Projekts. Es fängt damit an, daß vorerst nicht geklärt war, wer in den einzelnen EU-Mitgliedsländern zuständig ist. Weil so etwas noch nie gemacht wurde, fühlte sich auch niemand zuständig. Entsprechende Abteilungen gibt es nicht, wenn so ein Projekt am Anfang steht.

Und damit nicht genug, es gab weitere Fragen: Welches Ministerium regelt den Polizeieinsatz: das Innenministerium oder das Außenministerium? In der Bundesrepublik haben wir die Länderhoheit in Polizeifragen – da konnte nicht einfach ein Befehl ergehen nach dem Motto »Sucht schnell ein paar Freiwillige zusammen«. Dann mußte geklärt werden, wer die Verantwortung übernimmt, falls etwas schiefgeht, bis hin zum Beamtenrecht. Und dabei muß die Skepsis in verschiedenen Ländern überwunden werden – in einer Zeit, da immer neue Schreckensnachrichten aus Bosnien kommen. Deshalb habe ich jetzt auch für eine längere Zeit Europa bereist, und ich denke, daß die Unterstützung nun zügiger kommen wird.

Als ich von der Reise zurückgekommen bin, mußte ich feststellen, daß sich in meinem Stab große Frustration angestaut hatte. Vielen meiner Mitarbeiter geht es zu langsam, einige meinen, daß es gar nicht mehr vorangeht. Im Moment muß ich also meine Crew wieder ermutigen, sie sind ein bißchen depressiv. Das ist eine recht normale Reaktion: Sie alle hier sind mit großem Eifer angetreten, haben sich für diese Stadt engagiert, und nun merkt jeder einzelne, daß er ab einem bestimmten Punkt gegen Wände rennt.

Dabei geht es nicht um den Aufbau, der – wie die Zahlen zeigen – recht gut funktioniert, sondern um die Wiederzusammenführung der Menschen. Wir sind an dem Punkt, wo wir auf die Kooperation beider Seiten angewiesen sind: Für den Bauhof oder die Errichtung von Suppenküchen und für andere Reparaturprojekte brauchten wir diese Kooperation nicht unbedingt. Da baut man auf der einen Seite des Flusses und muß die auf der anderen Seite nicht fragen. Aber für größere Projekte brauchen wir diese Zusammenarbeit, und schließlich soll es unser Ziel sein, die Stadt zusammenzuführen. Wir sind nicht als reine Aufbauhelfer in Mostar, das könnten wir Hilfsorganisationen überlassen. Unser Ziel ist im *memorandum of understanding* genau festgeschrieben: Mostar soll wieder eine ungeteilte Stadt werden, die Trennung aufgehoben werden.

Und nun erleben wir, daß die kroatische Seite stark blockiert. Wir haben am Anfang einiges sehr forciert, und nun spüren wir die Bremser. Das ist natürlich entmutigend für meine Mitarbeiter: Da handeln sie Vereinbarungen aus, besprechen mit beiden Seiten alles bis ins Detail, und am nächsten Tag heißt es dann: Nein, wir machen doch nicht mit. Das ist nicht immer so, aber es passiert eben doch recht häufig – und zwar in entscheidenden Fragen, etwa wenn es um die besagte gemeinsame Polizei oder die Bewegungsfreiheit für alle Mostarer geht.

Ich muß zugeben, daß auch ich unterschätzt habe, wie

sehr die Kroaten hier blockieren würden. Es beunruhigt mich sehr. Für die *Heads* ist es aber gewiß noch viel schlimmer, denn sie erleben noch viel konkreter, direkter und massiver, wie stark die Blockaden sind – sie haben auf der Arbeitsebene direkt mit den Funktionären von beiden Seiten zu tun. Unsere Experten für Wiederaufbau oder für das Schulwesen suchen zum Beispiel für das Gymnasium unter großen Mühen einen Weg, der offenkundig für beide Seiten die vernünftigste Lösung bietet. Im Prinzip gestehen das Muslime und Kroaten sogar ein, aber am Ende zählt die Vernunft nicht – die kroatische Seite legt sich quer.

Der Grund für die Schwierigkeiten ist offenkundig: Es gibt auf der kroatischen Seite eine gewisse Führungsschicht, die immer noch die Hoffnung hat, daß es hier eine kroatische Lösung für Mostar geben kann, daß also zumindest der Westteil rein kroatisch bleiben kann.

Diese Leute halten sich im Hintergrund, ich kenne ihre Namen, aber selbst zum Gespräch mit mir sind sie nicht bereit – den wohl wichtigsten unter ihnen habe ich nur einmal, nämlich unmittelbar nach dem Attentat, gesprochen. Aber wir spüren sehr genau, wann sie sich wieder eingeschaltet haben. Gern möchte man sagen: Liebe Leute, ihr habt hier einen Vertrag über eine gemeinsame Stadt unterschrieben, lest ihn noch einmal und haltet Euch daran. Aber so geht es hier eben nicht: Was Papier anbelangt, die Verträge, die Unterschriften – auf dem Balkan darf man auf so etwas nicht viel geben.

Das hätte uns eigentlich nicht überraschen dürfen. Ähnliche Erfahrungen haben die internationalen Vermittler für Jugoslawien in den vergangenen drei Jahren auch gemacht. Es handelt sich schließlich auch um Schwierigkeiten, die auftreten mußten, weil die Lage hier so kompliziert ist. Wenn alles ganz einfach ginge, hätten die Menschen hier uns nicht rufen brauchen, dann hätten sie alles allein erledigt. Wir konnten doch wirklich nicht glauben, daß die Menschen in dieser Stadt schon nach drei Monaten sagen: Wir haben alles vergessen, wir reichen uns die Hände. Dann wäre es ja auch ohne uns gegangen. Hier hat ein brutaler Bürgerkrieg stattgefunden!

Wenn ich Mostarern begegne, gibt es niemanden, der nicht von Leid berichten muß, das er erfahren hat. Und die Täter sind nicht anonyme Fremde – es waren oft die eigenen Nachbarn oder Kollegen. So weiß fast jeder genau, wer die Familie vertrieben hat, wer das Haus geplündert hat. Und sie sind oft noch in der Stadt, leben gegenüber auf der anderen Seite. Das ist eben anders als in Deutschland im Jahre 1945: Dort war der Krieg zu Ende, die Leute kamen wieder aus den Trümmern heraus und bauten ihre Städte wieder auf. Schauen wir zurück auf den spanischen oder den amerikanischen Bürgerkrieg: Dort dauerte es sehr lange, bis die Menschen die Bürgerkriegsauseinandersetzungen vergessen hatten. Vorbehalte sind also normal und verständlich, und wir müssen damit leben, daß es Jahre dauert, bis sie abgebaut werden können.

Wir müssen auch verstehen, weshalb gerade einige Kroaten so sehr blockieren, während die Muslime stets kooperationsbereit sind: Besonders die Hardliner unter den Kroaten fühlen sich als Verlierer. Sie wollten Mostar als kroatische Stadt für sich, am Ende zumindest die westliche Hälfte. Und nun müssen sie sich langsam an den Gedanken gewöhnen, daß sie ihr Ziel nicht erreichen werden. Das multikulturelle Konzept, das wir hier im Auftrag der Europäischen Union vertreten, entspricht doch nicht ihren

Vorstellungen, es ist für manche von ihnen das absolute Feindbild. Sie fragen sich nun: Wofür haben wir denn gekämpft?

Das ist gewiß eine schwierigere Situation als die der Muslime. Die haben unter großen Opfern widerstanden, fühlen sich also ein wenig als Gewinner, denn ihr Konzept einer multikulturellen Stadt, für das sie ausgeharrt und gelitten haben, soll jetzt von uns umgesetzt werden. Da herrscht also – bei aller Trauer – bei den einen eine gewisse Befriedigung, die auf der anderen Seite sind deprimiert, sie müssen ihr Ziel aufgeben und sich ein neues suchen.

Die ganze Entwicklung wird noch dadurch erschwert, daß die Föderation zwischen Muslimen und Kroaten sich nicht weiterentwickelt hat, sondern in einer Krise steckt. Hier in Mostar können die Muslime immer allem zustimmen, was zur Zusammenführung der Stadthälften führt. Denn sie können dabei nur gewinnen, werden mit jedem Schritt aus der Isolation befreit. Andernorts in Bosnien sind sie die Bremser, sind sie diejenigen, die blockieren und der kroatischen Bevölkerung nicht ihre Rechte zugestehen wollen.

Also kann ich nur versuchen, auch auf höherer Ebene beiden Seiten klar zu machen, daß es hier kein Zusammenleben geben kann, wenn die Föderation nicht klappt. Viele der hiesigen Politiker sehen das auch ein – intern geben sie sogar zu, daß sie niemals erwartet haben, daß wir so lange hierbleiben würden und so viel erreichen. Zu Hause in Deutschland, vielleicht auch bei der Europäischen Union und erst recht hier in Bosnien haben doch viele angenommen, daß wir schon nach wenigen Wochen wieder abziehen. Daß es nicht so ist und wir es immer weiter versuchen und Erfolge vorweisen können, imponiert auch Mostarer Politikern. Aber sie sagen das nicht in der Öffentlichkeit, wohl auch weil sie nicht in Konfrontation mit den bedingungslosen Gegnern der EU-Administration geraten wollen.

Wir spüren immer wieder, daß die Blockierer, die sich bewußt gegen die Föderation stellen, nicht ganz allein sind. Sie finden noch immer bei manchen Politikern in Kroatien Unterstützung. Deshalb muß der Präsident in Zagreb – wie übrigens auch der bosnische Präsident in Sarajewo – immer wieder daran erinnert werden, was hier für sein Land auf dem Spiel steht: Wenn die Föderation nicht klappt und hier der nächste Bürgerkrieg ausbricht, können beide ihre Vorstellungen von einer Anbindung an Westeuropa in den Wind schreiben. Das wollen hier in der Stadt einige nicht einsehen, und ich denke auch nicht, daß ich ihnen das klarmachen kann, das können nur die Politiker in Zagreb und Sarajewo schaffen.

Einige von denen hätten es aber gern umgekehrt: Sie wünschen sich, daß wir hier modellhaft ihre Probleme lösen. So hat zum Beispiel der bosnische Premierminister Haris Siladjzic mich aufgefordert, die Flüchtlingsfragen zu regeln. Ich soll dafür sorgen, daß die Vertriebenen wieder in ihre Wohnungen zurückkönnen. Nur klingt das ein wenig einfach. In den Wohnungen sitzen Kroaten, die ihrerseits aus Bosnien geflüchtet sind. Sie wurden von Moslems vertrieben. Soll ich die nun rausschmeißen? Damit würde ich den nächsten Bürgerkrieg entfachen. Der bosnische Premier muß also zuerst einmal ermöglichen, daß die Kroaten in Bosnien wieder in ihre Wohnungen zurückkehren können – ich sorge dann mit dafür, daß sie ihre Wohnungen wieder instand setzen können – das Geld kriege ich von Europa.

Aber vor solchen Schritten drücken sich die hiesigen Politiker. Sie sagen: »Herr Koschnick, Sie haben das Memorandum, das Ihnen in Mostar die entsprechenden Rechte gibt. Sie müssen anfangen!« Und ich sage: Dieses Memorandum ist einen Dreck wert, wenn ich in den Wohnungen Vertriebene habe, die natürlich nicht freiwillig wegen eines Moslems aus einer Wohnung ausziehen, wenn sie aus ihrer Wohnung selbst von Moslems vertrieben wurden. Da muß die Föderation eine Antwort finden, genauso wie in der Frage der Gestaltung der Universitäten des Landes, wo geklärt werden muß, ob sie bilingual entstehen sollen: also in Bosnisch und Kroatisch unterrichtet werden soll. So etwas sind Fragen der politischen Führung dieses Landes, das dürfen wir West-Europäer nicht entscheiden.

Ich bin nicht hier, um zu entscheiden oder zu verfügen. So etwas mache ich nur in Ausnahmefällen – in der Frage der Wohnungsräumungen war es dringend erforderlich. Beide Seiten wußten, daß es so nicht weitergehen konnte, und sind wohl auch froh, daß wir uns zu diesem Dekret entschlossen haben. Für mich gilt aber weiterhin, daß ich nicht gegen die Interessen der beiden Seiten hier in Mostar Politik machen kann. Allerdings: Wenn die eine oder andere Seite Bedingungen stellt, die sich nicht mit dem Memorandum vereinbaren lassen – sich etwa gegen die Zusammenführung der Stadt richten –, dann mache ich es nicht.

So müssen wir hier die Grundlage für eine neue Stadtverwaltung schaffen; dabei stellt sich die Frage, wie die neuen Bezirke gestaltet werden: Viele Kroaten stellen sich vor, daß die jetzt vorhandene Demarkationslinie zur Verwaltungsgrenze wird, die muslimische Seite hingegen – und nicht nur sie – sieht darin eine Art neue Berliner

Mauer. Auch ich fürchte, daß die Teilung damit wohl besiegelt würde, und das widerspräche meinem Auftrag und
auch meinen Zielen. Doch zugleich stellt sich die Frage,
wie wir die Bezirksgrenzen ziehen und zugleich verhindern, daß eine der beiden Seiten sich unterdrückt fühlt.

Über solche Fragen muß nun bald verhandelt werden.
Wir haben schließlich insgesamt nur zwei Jahre Zeit. Davon sind jetzt schon ein paar Monate ins Land gegangen,
und in einigen wichtigen Fragen ist nichts passiert. Auch
die Wahlen, die am Ende unserer Amtszeit stehen sollen,
müssen wir vorbereiten. Das wird nicht einfach. Einerseits
müssen wir Regeln für den Minderheitenschutz finden; es
geht also nicht, die Wahlen allein nach dem Prinizip »one
person, one vote« auszurichten. Es ist evident, daß hier auf
dem Balkan Minderheiten immer wieder schlecht behan-
delt worden sind – da müssen also institutionelle Vorkeh-
rungen getroffen werden. Aber es geht umgekehrt auch
nicht, daß bei den Wahlen eine Volksgruppe von viel geringerer Zahl der anderen, sehr viel größeren, vollkommen
gleichgestellt wird.

Hier ist eine merkwürdige Situation: Einerseits gibt es
Leute, die jeden Fortschritt blockieren, von denen einige
uns wohl auch am liebsten sofort wieder aus der Stadt
weghaben wollen; und auf der anderen Seite müssen wir
uns schon ganz konkret Gedanken über Dinge machen, die
eigentlich in der Zukunft liegen und wegen dieser Widerstände manchmal fast unerreichbar zu sein scheinen. Da
ist dann eben eine gewisse Gemütsruhe erforderlich: nicht
zuviel erwarten, aber auch nicht aufgeben, wenn alles zu
stocken scheint. Es gibt hier immer auf einer Seite irgend-
einen, der Mist redet und sagt, die EU-Leute müssen weg.
Hier gibt es immer einen, der sagt, so geht es nicht, da ma-

chen wir nicht mit. Aber dann hat er am nächsten Morgen einen anderen Kaffee getrunken, und er hat keine Magensäure mehr, und alles sieht dann ganz anders aus. Man kann dann zumindest noch einmal miteinander reden – bei solchen Verhandlungen ist doch viel Spiel und Kräftemessen dabei. Man darf hier nun wirklich nicht alles glauben und als endgültig ansehen, was in der Erregung gesagt wird.

Am wichtigsten wird jetzt für uns, wie gesagt, eine Regelung der leidigen Polizeifragen sein. Diese Frage steht wirklich im Mittelpunkt, weil ohne eine gemeinsame Polizei ab einer bestimmten Stelle nichts mehr weitergeht bei der Zusammenführung der Stadt. Nun sind unsere WEU-Polizisten nur ganz allmählich hier eingetroffen. Sie sind nun – nach so kurzer Zeit – auch noch unsicher, und doch wäre es gut, wenn sie mehr durch die Stadt gingen. Sie sollen Streife fahren, um zu zeigen, daß sie da sind. Die Unsicherheit bei manchen rührt auch daher, daß sie zu Hause nicht immer gut vorbereitet wurden – besonders die Deutschen nicht. Man hat ihnen zu Hause nicht gesagt, daß hier durchaus auch Mißtrauen und sogar Feindseligkeit ihnen gegenüber bestehen kann, daß die Kroaten uns also nicht eindeutig hergewünscht haben.

Und man hat ihnen auch nicht gesagt, daß in der Stadt noch geschossen werden kann. Da gehen die Leute dann am Abend auf Streife und kommen irritiert zurück. Wir fragen sie:»Was ist denn passiert?« Und die Antwort lautet:»Ja, die schießen.« Da war dann bei einer Hochzeit oder einem anderen Fest geschossen worden. Das ist ihr Raki-Schießen im Schnaps-Rausch, die schießen den Mond an! So etwas gehört auch zur Vorbereitung der Polizisten, daß man ihnen sagt, wie hier mit Waffen umgegangen wird.

Aber das sind Anfangsprobleme, die können wir schnell klären. Die zentrale Aufgabe unserer Polizei ist ja dann doch nicht der Streifendienst. Es handelt sich bei unseren Leuten schließlich nicht wirklich um Schutzpolizisten, sondern um Polizeitrainingspersonal, um Berater, Aufbauhelfer. Die sollen hier nicht Räuber und Gendarm spielen und auf Verfolgungsjagd gehen. Sie sollen den Leuten von hier einen Weg weisen. Doch im Augenblick läßt die kroatische Seite nicht einmal zu, daß sich Kroaten für unsere gemeinsame Polizei bewerben – und nur aus Muslimen kann ich selbstverständlich keine gemeinsame Polizei aufbauen.

Unsere Polizei ist also keine Kriminalpolizeiabteilung, deshalb ist es auch nicht dramatisch, wenn sie hier nicht gegen die Mafia einschreitet. Das ist und bleibt die Aufgabe einer Mostarer Polizei. Wir müssen die Würde und den Stolz der Mostarer achten: Wenn einer etwas ausgefressen hat, dann soll er von der eigenen Polizei verhaftet werden und nicht von Ausländern. Unsere Leute müssen den Einheimischen vermitteln, daß man sich als Polizist nicht bestechen läßt. Deshalb muß also derjenige kroatische oder muslimische Polizist, den unsere Polizisten aus Frankreich, den Niederlanden oder Deutschland begleiten, die Mafia unschädlich machen, nicht wir.

Diese ganze Frage steht deshalb so sehr im Mittelpunkt, weil wir ohne Polizei die Stadt nicht für beide Seiten öffnen können. Ohne Bewegungsfreiheit kann es keine Wirtschaft und keinen Handel geben. Jetzt, Ende November 1994, sage ich: Wenn ich bis Ostern nächsten Jahres in der Frage der Zusammenführung der Polizei nichts erreicht habe, dann hat das hier alles keinen Sinn mehr. Allerdings: Wenn es dabei langsam läuft, muß ich nicht aufgeben.

Wenn also eine Seite sagt, ich will den Weg der Administration gehen, aber ich habe noch Probleme und brauche sechs Wochen Zeit – dann ist das in Ordnung. Wir haben genug zu tun, es muß nicht alles gleich gemacht werden. Aber wir müssen das Ziel im Auge behalten.

Kapitel 9

Jens Schneider: »Wer von der Schlange gebissen wurde, fürchtet sogar die Echse.«

Dezember 1994

»Wenn hier der Winter kommt, verkriechen sich die Menschen. Die ganze Stadt versinkt im Winterschlaf.« Der englische Helfer kennt Mostar seit Jahren. »Sobald die Nächte immer kürzer werden, geht nichts mehr voran, niemand fängt noch etwas Neues an. Es wird nur darauf geachtet, zu bewahren und zu sichern, was in den warmen Monaten erreicht wurde. Man überwintert, um im Frühling wieder zu erwachen.«

Ost-Mostar wirkt in den ersten Dezembertagen plötzlich wieder leblos, die Euphorie der ersten Monate in der Koschnick-Zeit ist verflogen. Die Fortschritte erscheinen so gering, daß sie nicht mehr bemerkt werden: Der Schutt ist weggeräumt, einige Häuser haben neue Dächer, und an manchen Tagen gibt es länger Strom. Es fahren immer mehr Autos durch die Stadt, in den Läden gibt es gegen Deutsche Mark Mehl und Zucker, Schokoriegel und Kekse, Waschmittel und Obst. Alles ist so teuer wie in Deutschland, dennoch gehen gar nicht wenige hier einkaufen.

»Es hat sich eigentlich nichts verändert, außer daß keine Granaten mehr fallen, die Scharfschützen nicht mehr schießen«, sagt eine junge Mutter, die wir an einer Schule sprechen, wo sie in der Pause Joghurt an die Kinder verteilt. »Das sind die Fortschritte. Und gewiß: Das Essen ist besser geworden. Aber mehr ist nicht passiert.« Sie schüttelt den Kopf. »Die Europäer sind schuld. Die reden viel und arbeiten wenig.« Hier an ihrer Schule hat sich der Beginn des Baus über Wochen verzögert, allerdings sehen die europäischen Aufbauhelfer die Schuld bei den einheimischen Partnern im Projekt.

Auch Safa, der Händler an der *stari most*, ist unzufrieden. Manchmal redet er sogar davon, die Stadt zu verlassen; irgend jemand aus Deutschland hat versprochen, ihm eine Aufenthaltserlaubnis zu besorgen. Den ganzen Tag über sitzt der Trödler mit einem festen Norweger-Pullover bekleidet in der Kälte in seinem kleinen Laden. Selten kommt jemand vorbei: Ein deutscher Polizist von der WEU-Truppe verhandelt mit ihm über eine Kaffeemühle, deren Verzierungen Safa als besonders raffiniert preist. »Ich will es mir überlegen«, sagt der Polizist. Safa ist wieder allein. Später kommen ein paar Jungen vorbei, die ihm einen kleinen Teppich verkaufen wollen. »Hier, Safa, das ist was für dich. Was gibst du uns dafür?« Er lehnt ab, die kleinen Burschen ziehen weiter. Manchmal verläßt er den zugigen Stand und setzt sich zum Kaffee zum Maler gegenüber, wo es am Ofen etwas wärmer ist. Ein junger Bosnier hat sich dort, gleich hinter der *stari most*, ein Atelier eingerichtet. Auch ein kleines Restaurant gibt es auf dieser Seite der Brücke wieder, aber es hat wegen einer Verordnung der Stadt geschlossen.

»Das ist kein Leben so«, klagt Safa. »Abends kann ich nicht lesen, weil ich kein Licht habe. Ich kann meine Wäsche nicht waschen. Und es gibt nichts, wo ich mich einmal duschen kann!« Er schüttelt den Kopf. »Das ist kein Leben.« Und dann sagt er: »Sicher haben wir mehr zu essen. Aber was ist das im Vergleich zu früher. Sieh doch, wie die drüben leben. Dies hier ist Afrika, und drüben bei den Kroaten ist Amerika. Und daran kann auch Koschnick nichts ändern.«

Viel hängt nach Safas Einschätzung an der Stadtverwaltung des Ostens. »Die müssen hier ein Büro haben, wo man sich auch einmal beschweren kann. Sie bringen zu wenig zustande.« Über die Stadtverwaltung klagen nur wenige so offen wie Safa. »Ich habe nichts zu verlieren«, sagt er. »Ich kann offen meine Meinung sagen. Nehmen wir die Sache mit den Cafés. Alles ist zu. Wo soll man sich treffen?«

»Wir mußten die Cafés schließen«, sagt der Bürgermeister des Ostteils, Safet Orucevic. »Hier hatten sich Kriminelle einiger Dinge bemächtigt und eine Mafia aufgebaut. Denen haben wir dadurch den Boden entzogen. Nach eingehenden Prüfungen werden alle Restaurants und Cafés wieder eröffnet.« Und dann nennt er noch einen zweiten Grund: »Wir haben Kämpfe mit den Serben. Da ist es zu gefährlich, wenn viele Menschen in einem Café oder Restaurant beisammen sind. Ein Granatentreffer würde dort viele Opfer fordern.«

Manche Mostarer empfinden die Schließungen als Schikane. »Sie wollen nicht, daß wir uns vergnügen«, sagt einer. »Und sie haben Angst, daß die jungen Männer nicht mehr kämpfen wollen. Vielleicht«, so fügt er hinzu, »fürchten die Politiker auch, daß die Menschen sich in den Cafés über die Zustände in der Stadt erregen könnten.« – »Sie dürfen meinen Namen nicht schreiben« oder »Das sage ich nur unter uns«, schicken die Leute vorweg, bevor sie ihre Beschwerde formulieren. Oder sie bitten am Ende des Gesprächs – erschrocken über die eigene Offenheit – plötzlich, daß der Besucher alles für sich behalten soll.

»Wer hier etwas aufbauen will, muß überall Geld einsetzen, für jede Genehmigung. Wenn du nicht zahlst, geht nichts voran«, wird geklagt. »Gleichzeitig bereichern sich jene, die einflußreiche Positionen haben.« Wie fast überall im bosnischen Kriegsgebiet wird auch hier über Funktionäre geklagt, die für sich Güter oder Geld beiseite geschafft haben sollen. Es sind Gerüchte, vielleicht nichts als üble Nachreden – nichts ist bewiesen, und keiner führt öffentlich Anklage. Aber die heimlichen Anklagen geben die Stimmung wieder. »Hier geht nichts voran. Wir müssen arbeiten, werden aber nicht bezahlt«, klagt ein junger Mann. »Ich wünschte, ich wäre im Westen der Stadt. Dort muß niemand umsonst arbeiten. Und die Rentner bekommen ihre Pensionen.« Tatsächlich wird, bis auf einige bosnische Mitarbeiter bei ausländischen Hilfsorganisationen, niemand bezahlt. In Ost-Mostar fehlen dazu die Mittel. Zugleich beklagen sich die wenigen Unternehmer der Osthälfte über zu hohe Abgaben – Kriegssteuern. »Ich habe meine Boutique schließen müssen, weil sie von mir horrende Steuern verlangt haben«, sagt der junge Aner. Er spricht von etwa tausend Mark im Monat. »Das hätte ich nie verdienen können.«

Ausländische Helfer schließen sich den Beschwerden über die Stadtverwaltung im Osten Mostars an. »Ständig halten sie stundenlange Palaver ab, und am Ende fordern sie dann, wir sollen dies und jenes tun. Es herrscht ein merkwürdiges Anspruchsdenken«, sagt ein Ingenieur. »Sie drängen uns zu arbeiten. Und dabei können wir mit der Arbeit nicht anfangen, weil sie ihre Zusagen nicht einhalten. Dann heißt es wieder: Morgen, bestimmt morgen sind wir so weit. So geht es dann Tag für Tag.« Er listet auf, wo überall die bosnischen Partner ihre Fehler gemacht haben, und beklagt wichtigtuerisches Gebaren. »Ich arbeite am liebsten nur noch mit Frauen zusammen. Die Frauen halten die Stadt am Laufen. Sie denken praktisch, von ihnen wirst du keine ideologischen Allgemeinplätze hören. Die wollen wirklich, daß es hier vorangeht. Also, wenn ich hier verhandle, rede ich nur noch mit Frauen, oft an ihren männlichen Vorgesetzten vorbei. Die meisten Männer zirkulieren hier sowieso nur Luft.«

Plötzlich fallen Risse und Teilungen in der Stadt auf: Noch im Juli hatte es nur eine deutliche Kluft gegeben, die zwischen Ost- und West-Mostar. Unter den Muslimen herrschte Einigkeit, und wenn es Zwist gab, sprach keiner mit Fremden darüber. Zusammen hatten die Ost-Mostarer den Krieg überstanden, für niemanden gab es Privilegien: Wer Geld gespart hatte, konnte damit kaum etwas anfangen, weil sich nichts erkaufen ließ in der Zeit der Belagerung, allemal nicht die Ausreise ins sichere Ausland. Einige hatten Deutsche Mark in Bündeln gehortet und zeigten sie Helfern wie Jerrie Hulme, als diese während der Belagerung in die Stadt kamen. »Da ist so viel Geld, und es hilft nichts«, erzählte Hulme damals.

Und nun teilt sich Mostar: einmal in jene, die Deutsche Mark haben, die vielleicht sogar schon wieder einen Wagen fahren – 1 Mark 50 kostet der Liter Benzin an der Tankstelle, wo der Tankwart ein Bündel von Fünfzig-, Zwanzig- und Zehn-Mark-Scheinen zeigt, selbst aber umsonst arbeitet, wie er sagt. Es gibt offenbar nichts, was sich nicht über das kroatische West-Mostar beschaffen ließe, bis hin zur Luxus-Limousine. Man muß nur genug Deutsche Mark von seinen Verwandten oder aus anderen Quellen erhalten. Und dann gibt es jene, die keine Devisen haben, die auf humanitäre Hilfe aus dem Ausland angewiesen sind; von ihren eigenen Leuten können sie kaum Hilfe er-

warten. »Am Bahnhof hat die Verwaltung Brennholz gela-
gert, und ich habe gedacht: Prima, endlich sorgen sie einmal allein vor. Der Winter steht ja vor der Tür«, berichtet
ein deutscher Ingenieur. »Aber dann mußte ich hören, daß
dieses Holz nicht verteilt wird. Sie verkaufen es für fünfzig Mark den Meter. Und was ist mit denen, die kein Geld
haben?«

Die Stadt hat sich verändert, und nicht nur das Geld ist
schuld. Zunehmend bemerken alteingesessene Mostarer
den Einfluß der zugereisten Flüchtlinge auf beiden Seiten,
und einige der alten Mostarer beschwören, daß die Kroaten und Muslime, die hier zu Hause sind, sich schon längst
wieder versöhnt hätten, wenn da nicht die Fremden
wären. Allenfalls sechzig Prozent der heutigen Einwohner
sind in Mostar geboren und aufgewachsen, die anderen
kamen in den letzten drei Jahren als Flüchtlinge aus der
Ostherzegowina, aus Nord- und Zentralbosnien. Sie stammen oft aus kleinen Dörfern und fallen den alten Mostarern wegen ihrer bäuerlichen Sitten und Gebräuche auf.
»Dies ist nicht mehr meine Stadt«, sagt eine junge Serbin,
die im Krieg hiergeblieben ist.

Rund um die Moscheen sehen wir in diesen Dezembertagen häufig verschleierte Frauen und Mädchen. Solche
Zeugnisse der Frömmigkeit waren bisher in Mostar eine
Ausnahme. »Das sind Fremde, Menschen vom Lande«,
sagen die Mostarer. Hartnäckig hält sich das Gerücht, daß
arabische Hilfsorganisationen den Frauen Geld zahlen,
wenn sie den Schleier tragen. »Es kommt immer mehr
Geld aus islamischen Ländern, und die verlangen selbstverständlich dafür im Gegenzug etwas«, berichtet ein Mitarbeiter einer internationalen Hilfsorganisation.

Auch auf der kroatischen Seite prägen die Vertriebenen

das Bild. »Ich habe eine Hochzeit erlebt, bei der die eine Familie aus Mostar kam«, erzählt Jerrie Hulme. »Die kannten eindeutig die Gebete nicht und murmelten recht verlegen mit. Die Angehörigen der anderen Seite waren Vertriebene vom Lande. Sie wußten jeden Vers wortgetreu.« Jerrie Hulme meint, daß beinahe genausoviel Mißtrauen zwischen den Vertriebenen und den Alteingesessenen auf beiden Seiten herrscht wie zwischen Kroaten und Muslimen. Die zugereisten Vertriebenen gelten als Hardliner – haben sie doch oft mehr erlitten als viele Mostarer. »Der kommt nicht von hier. Das ist ein Bauer, der sich wichtigtut«, sagt eine Frau, die hier aufgewachsen ist, über einen besonders hartnäckigen Politiker der kroatischen Seite.

Gerade vielen jungen Mostarern ist ihre Stadt fremd geworden. »Wir sprechen fast jeden Abend über das Auswandern – wir, die noch hier geblieben sind«, erzählt eine Studentin. Sie zeigt Photos von ihrem Bruder und dessen Freunden. »Da ist er in seinem neuen Zimmer in Amerika. Die drei anderen sind seine Freunde, die mit ihm gegangen sind.« Der Bruder stand vor der Frage, auf seine Freunde von der anderen Seite zu schießen – oder zu gehen.

Seine Schwester will Bosnien nicht verlassen, eigentlich. »Du kannst nicht einfach deine Heimat verlassen«, sagt sie. »Irgend jemand muß doch hier wieder aufbauen und dafür sorgen, daß es endlich anders wird. Aber ich frage mich, wie wir das schaffen sollen?« Andere haben sich bereits bei einem Konsulat um Visa bemüht, oft sind es gerade junge Frauen und Männer mit hervorragender Qualifikation. »Ich kann hier nicht weiterleben«, sagt eine junge Frau, die mit ihrem Mann nach Australien will.

»Wenn ich dort nicht als Akademikerin akzeptiert werde, fange ich eben als Putzfrau an. Besser, als hier weiter auf bessere Zeiten zu warten.«

Die einundzwanzigjährige Ermisa hat sich nicht entschieden. Sie lebt mit ihren beiden gleichaltrigen Freundinnen Adela und Arzemina in einem zugigen Zimmer in einem Einzelhaus in Ost-Mostar. Es ist der einzige benutzbare Raum im Erdgeschoß, in die anderen haben Granaten klaffende Löcher gerissen. Die Betten der drei Mädchen stehen rund um einen kleinen Holzofen, auf dem sie auch Kaffee und Tee kochen. Strom gibt es nur sehr selten. Als sie am Abend nebeneinander auf einem Bett zusammensitzen, brennt eine Petroleumlampe, die Füße lehnen sie an den Ofen, um möglichst viel von der Wärme abzubekommen.

Im Vergleich zu den zurückliegenden Jahren erscheint der Alltag der drei in Mostar beinahe sorglos. Sie studieren Sprachen an einer improvisierten Universität und unterrichten noch immer Kinder in den Vororten. Als wir mit Ermisa gleich hinter Mostar ein Dorf durchfahren wollen, in dem in den letzten Tagen gekämpft wurde, schüttelt sie den Kopf, als sie gefragt wird, ob sie nicht lieber in Mostar bleiben will. »So eine dumme Frage. Natürlich habe ich Angst. Aber das gehört schon lange zu meinem Leben.«

Die drei stammen aus Stolac, einer Stadt in der Nähe Mostars. Zusammen mit ihren Eltern wurden sie vertrieben und leben nun schon Monate auf der Flucht, zuerst bei den Eltern in einem kleineren Dorf, dann zogen sie nach Mostar, um zu studieren. »Als wir noch nicht hier waren, haben wir kleine Kinder unterrichtet: im Lesen, Schreiben, Rechnen. Obwohl wir natürlich noch keine ausgebildeten Lehrerinnen sind.« Die Schulbücher haben sie selbst ge-

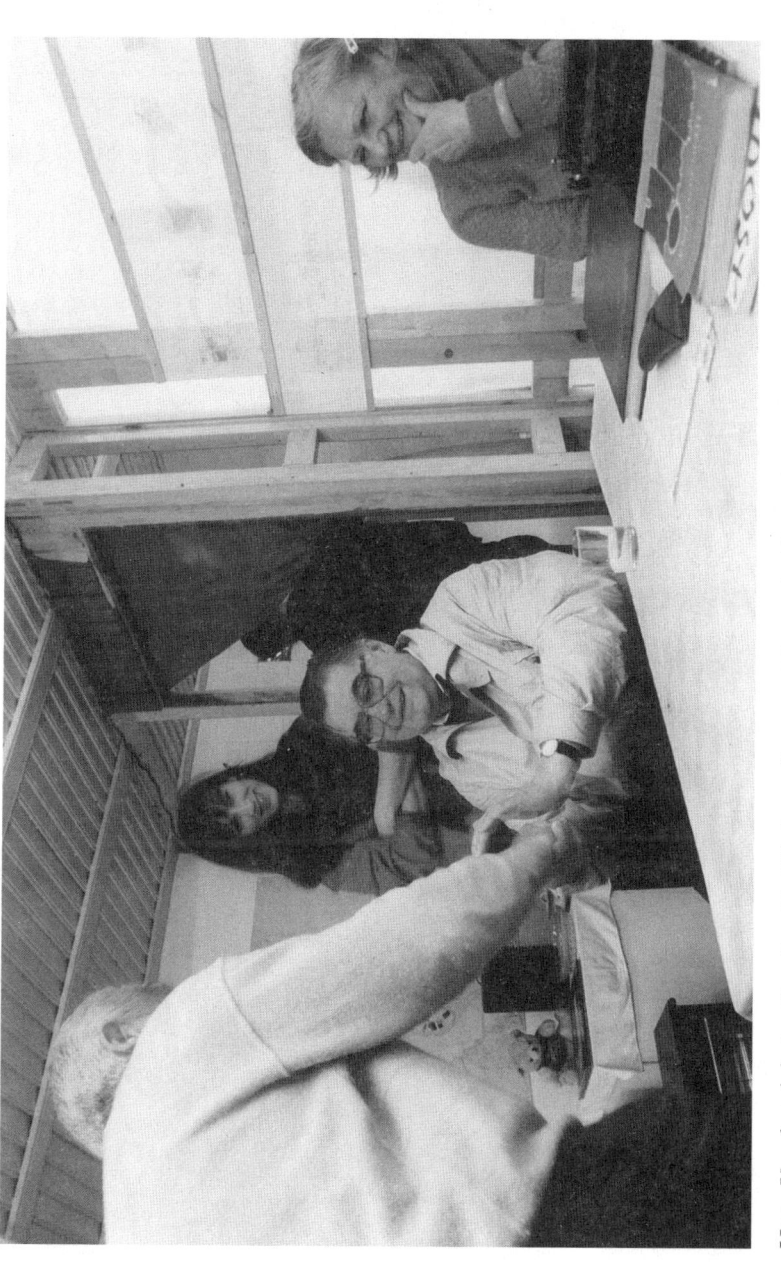

Hans Koschnick beim Komitee für Wiederaufbau von Mostar im Dezember 1994

Die Küche einer von Granaten zerschossenen Wohnung

schrieben. Auf dem Weg in die kleine Behelfsschule für die Flüchtlingskinder liefen sie immer im Fadenkreuz serbischer Scharfschützen. »Du mußtest laufen und dich ducken und warst doch nie sicher. Jeden Tag konntest du getroffen werden.«

Als die Vorräte im Winter knapp wurden, waren auch die drei jungen Frauen und ihre Familien auf die Paletten mit Lebensmitteln angewiesen, die von den Amerikanern über Bosnien abgeworfen wurden. »Tagelang haben wir auf Abwürfe gewartet«, erinnert sich Arzemina. Es war nicht ungefährlich, weil die Scharfschützen die Abwurfstellen oft als Zielmarke wählten. »Es herrschte eine schlimme Atmosphäre«, sagt Arzeminas Freundin Adela. Eines kann sie nicht vergessen: Die Amerikaner hatten die Paletten versehentlich zwischen den Fronten abgeworfen. Dort wurden sie von den Kroaten beschossen. Ein zwanzigjähriges Mädchen wurde von einer Granate schwer am Rücken verletzt. Nur ein Mann hatte eine Schubkarre, mit fünfzig Kilo Mehl drauf. Die Mutter des verletzten Mädchens flehte ihn an, ihr Kind mitzunehmen. Er hat ihr nicht einmal zugehört. Das Mädchen starb noch in der gleichen Nacht. – »Ich würde diesem Mann noch nicht einmal Vorwürfe machen, alle waren in Not«, sagt Adela. Und sie fügt hinzu: »Ich erzähle es, um zu zeigen, wie sehr der Krieg uns verändert hat. Der Krieg hat alles geändert.«

Die drei haben sich eingerichtet, und oft genug haben sie sogar Spaß. Weil zwei von ihnen für das Technische Hilfswerk als Übersetzerinnen arbeiten, bekommen sie auch Deutsche Mark und können ihre Familien mitversorgen. Manchmal, wenn sie am Abend nicht zur Ruhe finden können, stellen sie das Radio laut und suchen nach Popmusik. Irgendwas zum Tanzen, egal, ob es nun Radio

MM, das muslimische Radio, ist oder das der Kroaten, Hauptsache Musik. Und wenn wieder der Strom ausgefallen ist, summen sie selber Songs von Phil Collins und Whitney Houston und tanzen durch ihr kleines Zimmer.

Warum sollen sie nicht tanzen? Kein Mensch stirbt weniger, keiner wird wieder lebendig, wenn die drei nicht tanzen. »Also tanzen wir. Wir tanzen wie Idioten, denen der Krieg den Verstand geraubt hat.« Ganz langsam, wie Roboter, denen Granaten das Steuerungsrelais zerschossen haben; nervös schnell und mit wilden Zuckungen, wie eine Maschine, die durch Beschuß außer Kontrolle geraten ist. Draußen ist es lange dunkel, irgend jemand ballert mit seinem Maschinengewehr in die Luft. »Wir tanzen, bis wir müde genug sind, um zu schlafen – oder vor Lachen einfach nicht mehr können.« Dann fallen sie auf ihre Betten und beugen sich über ihr Tagebuch.

Seit langem führen sie es zusammen. Erst erzählt Ermisa, und Arzemina notiert, dann berichtet Adela von ihrem Tag, und Ermisa schreibt mit, schließlich protokolliert Adela, was Arzemina von ihrem Tag zu erzählen hat. An diesem Abend mußte Arzeminas Freund, den sie im vergangenen Winter beim Warten auf die amerikanischen Lebensmittel-Abwürfe kennenlernte, gerade wieder an die »Linie«, wie die Front genannt wird. Als sie davon erzählt, fällt ihr eine Geschichte ein. »Eine gute Freundin von mir wollte vor ein paar Wochen heiraten. Als ich sie kurz vorher traf, erzählte sie mir, daß ihr Verlobter gefallen ist. Sie sagte einen Moment lang nichts und fragte dann: Wo ist dein Freund?«

Wie wird es wohl weitergehen? Vor dem Krieg haben Adelas Eltern ihr den Umgang mit einem Freund, den sie eigentlich sehr mochten, verboten, weil er Serbe ist. »Ich habe das nicht verstanden, aber wir haben uns getrennt, weil meine Eltern es wollten.« Ermisa erging es ähnlich. »Solche Verbote hat es nicht selten gegeben. Und ich glaube, es ist heute tabu, das offen zu sagen.« Nun fragt sie sich, wie alles anders werden soll, wenn sie noch nicht einmal ihren Freund frei wählen kann. »So kann man ja eigentlich nichts Neues aufbauen.«

Was werden das für Männer sein, mit denen sie einmal zusammenleben werden? »Viele der Jungen haben sich so verändert. Sie haben gekämpft und müssen immer wieder zurück zur Front. Vielleicht verstehen wir sie nicht mehr. Wie werden sie später sein?« Sie denkt nicht nur an jene jungen Kerle, die sich mit dunkler Sonnenbrille, Stoppelbart und Kurzhaarschnitt in Macho-Posen gefallen und vom Krieg wie von einem Spiel sprechen, dessen Reize und Gefahren nur versteht und schätzt, wer dabeigewesen ist. Ermisa denkt auch an ihre Freunde, die nicht vom Krieg schwärmen und sich ihm doch nicht entziehen können.

Drüben, auf der kroatischen Seite, sind die Cafés und Bars für die Jugendlichen jeden Tag geöffnet. »Aber dort geht es sehr rauh zu. Das ist vielen fremd«, sagt Lydia, eine kroatische Kollegin von Ermisa und Adela. »Deshalb bleibe ich abends meist zu Hause. Früher sind wir zur alten Brücke gegangen, dort haben sich alle getroffen. Aber das geht heute ja nicht mehr.«

Am Stadtrand hat der Franziskaner-Orden einen Jugend-Treff eingerichtet, wo sich jede Woche mehrere hundert kroatische Jugendliche treffen. Der Orden bietet Sprachkurse und Musikunterricht, Gesprächskreise und auch Tanzkurse – einer der Ordensbrüder hat Standardtänze gelernt, als er während der Tito-Zeit im Ausland lebte. »Wir wollen den Jugendlichen etwas anderes als den Krieg bieten«, sagt Luka, einer der Franziskaner-Brüder. »Wir wollen etwas tun, um den Haß abzubauen und sie auf andere Ideen zu bringen.«

Dabei steht die kroatische Kultur im Mittelpunkt. »Unser Volk mußte immer zurückstehen. Die Kroaten kamen immer erst an dritter Stelle«, sagt Pater Luka über den Krieg. »Der Krieg hat bewirkt, daß wir unser Kreuz und das kroatische Wappen frei an die Wand hängen können. Nun müssen wir aufpassen, daß die andere Seite uns nicht wieder dominiert.« Von der Schuld der eigenen Seite will er nicht sprechen, und beim Wort Versöhnung zögert er. »Wir brauchen Zeit. Wir fürchten uns, wieder in die Minderheit zu geraten. Alle Friedensschlüsse, die zu früh kommen, sind zum Scheitern verurteilt.« Und dann erinnert er an ein altes Sprichwort vom Balkan. »Sehen Sie, bei uns sagt man: Wer von der Schlange gebissen wurde, fürchtet sogar die Echse.«

Kapitel 10

Hans Koschnick: Wir müssen ehrlich über den Krieg reden

Dezember 1994

Je weiter es in den Winter hineingeht, desto mehr merken wir, wie sich die Stimmung im Ostteil Mostars verändert. Viele Menschen dort werden skeptischer, ich beobachte in Gesprächen eine gewisse Verhärtung – nicht so sehr uns gegenüber, sondern gegenüber den Kroaten. Noch bis in den Herbst hinein war dort das Gefühl sehr mächtig, daß man die Stadt zusammenbringen wollte, einen gemeinsamen Neuanfang wünschte – schon allein, weil die Menschen im Osten die Öffnung brauchten, um wieder eine Perspektive zu haben.

Nun wächst unter den Muslimen ein neues Gefühl heran. Das liegt gewiß auch daran, daß alles nicht so schnell geht wie erwünscht. Sie erleben, wie einige auf der kroatischen Seite bremsen, und müssen sich von uns immer wieder die Bitten anhören, doch Geduld zu haben. Und da fragen sie nun: Sind wir nicht eigentlich die Opfer? Wurden wir nicht belagert? Warum sollen wir dann noch immer bitten und warten? Haben wir denn keinen Stolz? Das bekomme ich deutlich zu hören, von offizieller Seite oder eben bei Gesprächen in der Stadt: Warum, Herr Koschnick, verlangen Sie immer von uns, daß wir zurückstecken, uns fügen, abwarten? Und einige sagen: Der Koschnick kann sich nicht durchsetzen, wenn die anderen blockieren. Ihr helft uns doch nicht. Obwohl sie wissen müssen, daß ich hier nicht der Allgewaltige bin, der Schritte durchsetzen kann, wenn eine Seite sie nicht will.

Auch die Offiziellen haben zum Teil einen Wandel durchgemacht: Sie wollen nicht mehr nur Antragsteller sein, sondern treten selbstbewußter auf. Sie wollen bestimmen, was in ihrer Stadt passiert. Damit stoßen sie auch einige Helfer vor den Kopf, die ihre eigenen Vorstellungen von Hilfsprojekten haben, zumal sie das Geld mitbringen. So ergibt es sich jetzt öfter, daß ich dann schlichten muß zwischen den nicht an Regierungsweisungen gebundenen Hilfsorganisationen und der Stadtverwaltung.

Es gibt jetzt also ein größeres Selbstbewußtsein in Ost-Mostar, das sich aber leider manchmal gegen die andere Seite oder die Helfer richtet. Damit sind wir jetzt kurz vor Jahresende in der mißlichen Lage, daß einerseits die Aversionen im Osten gegen die andere Seite wachsen, immer mehr Mißtrauen da ist, während zugleich im Westen die Stimmung nicht viel besser geworden ist. In der Osthälfte besinnen sich die Menschen immer mehr auf die Opfer, die sie haben bringen müssen, und wir hören jetzt öfter als noch zu Anfang den Satz: Mit denen kann ich nicht mehr zusammenleben.

Wenn ich die Menschen besuche, erzählen sie, wie sie ins Lager gebracht wurden, und berichten von den Verlusten in ihrer Familie. Ich denke auch, daß es richtig ist, darüber zu sprechen – denn wir müssen immer bedenken, daß bei jeder Familie erst einmal das eigene Leid im Mittelpunkt steht. Die Trauer bestimmt für viele das Leben.

Das kenne ich von der kroatischen Seite natürlich auch, auch dort höre ich immer wieder: Herr Koschnick, Sie wissen ja gar nicht, was wir alles durchgemacht haben! Unsere Opfer waren unendlich groß. – Aber offenkundig waren die Opfer, die Leiden auf der muslimischen Seite viel, viel größer – die Muslime waren nun wirklich nicht die Angreifer. Alles andere ist bei den Kroaten eine Schutzbehauptung, genährt durch die Propaganda ihrer Oberen. Die erklären den gesamten Konflikt, wie sie ihn gerne sehen wollen, um Verständnis in der westlichen Welt zu wecken. Und den einfachen Bürgern kommt es natürlich gelegen, wenn die Darstellung des Konflikts durch Parteivorsitzende in ihre persönliche Geschichte paßt. Ich meine: Für manche Leute ist das wichtig, damit sie nicht denken müssen, vielleicht für eine falsche Sache gekämpft zu haben.

Viele haben zudem eine falsche Vorstellung davon, was die anderen in der Stadt denken. Auch das liegt daran, daß von den Oberen und (über deren Kontrolle) ebenso von den Medien falsche Bilder gepflegt werden. Systematisch wird nach Belegen gesucht, die Klischees bestätigen: Wenn nun ein paar Frauen mehr im Osten Kopftücher tragen, heißt es im Westen: Das sind alles Fundamentalisten. Und obwohl nur wenige Kilometer dazwischen liegen, macht niemand sich die Mühe, das zu überprüfen. Aus dem Westen wechseln doch nur wenige auf die andere Seite; oft sind es Muslime, die Verwandte dort haben. Aber Unwissenheit und Ignoranz bestehen auch auf der anderen Seite. Keineswegs sind die meisten Kroaten Extremisten und Vertreiber; nur können sie sich eben nicht so sehr in den Medien artikulieren wie die Extremisten.

Ich erlebe gerade viele junge Menschen, die mir sagen: Herr Koschnick, wir haben genug von dem Haß. Wir wollen mit unseren Freunden von früher zusammensein; es ist uns egal, ob da jemand nun Kroate oder Serbe oder Moslem ist! Diese jungen Leute sagen mir: Wir haben es satt, wie die Alten sich verhalten. Wir müssen doch eine neue Welt aufbauen. Nur läßt man uns nicht.

Für die jungen Leute muß ein Forum entstehen. Und es muß auch einmal eine Diskussion in Gang gebracht werden über die Geschichte dieses Krieges, damit eine realistischere Perspektive auf beiden Seiten entsteht – damit die Leute die Wahrheit erfahren und verstehen, was die jeweils andere Seite an Leid erfahren hat.

Aber im Moment ist es für Tagungen und Gesprächskreise über die Geschichte – mit dem Ziel der Versöhnung – noch zu früh. Heute würde noch viel aneinander vorbeigeredet, würden ständig Beschuldigungen aufkommen, und kaum einer würde dem anderen zuhören. Es hat einen entsprechenden Versuch gegeben in diesem Herbst, als Leute von *Helsinki Citizens Assembly* bei uns waren. Die hätten gern zum 1. September, also dem Anti-Kriegstag, ein paar kleine kulturelle Veranstaltungen gemacht – Diskussionen über Friedenssehnsüchte in Europa, die mit der Helsinki-Konferenz verbunden sind. Sie hatten auch Adressen von Leuten, die als eher versöhnlich und vermittelnd gelten, und haben die angesprochen. Aber alle sagten: Eigentlich ja, doch das kommt für uns viel zu früh. Als einziger war der Vorsteher der jüdischen Gemeinde dazu bereit: Josip Mandelbaum, ein beeindruckender Mann. Er mußte sich mit niemandem versöhnen und hatte schon während der Kämpfe zwischen beiden Seiten vermittelt.

Also – so notwendig solche Gespräche sind – wir können es erst Mitte nächsten Jahres versuchen, hier voranzugehen. Bis dahin müssen die Leute eine gewisse

Perspektive für ihr weiteres Leben in Mostar gewinnen, allemal genug zu essen haben, die Schulen müssen fertig sein, der öffentliche Nahverkehr muß rollen, Arbeit durch die Neueröffnung von Betriebsstätten möglich sein. Und das Wetter muß besser sein. Das spielt für die Stimmung hier eine große Rolle. Im Winter ist alles recht düster; im Sommer dagegen sehr offen. Wenn sich die Leute also nicht mehr um das tägliche Brot und ihr Überleben im Krieg sorgen müssen, haben solche Gespräche vielleicht eine Chance.

Ich hoffe, daß es im nächsten Jahr europäische Tage geben kann: mit Musik, Theater und Gesprächen. Irgendwann im Laufe des Jahres werde ich Historiker aus Europa einladen, die hier über die Ursachen dieses jugoslawischen Konflikts sprechen sollen. Da sollte über die Vision von einem Groß-Kroatien gesprochen werden, und was das für den Krieg hier bedeutet. Aber debattiert werden muß auch über die Frage, ob nicht wirklich einige muslimische Führer von einem anderen Bosnien geträumt haben – einem Bosnien, das als europäisches Verbindungsglied zur muslimischen Welt, als Brücke zum Nahen und Mittleren Osten dient und sich nicht mehr als das versteht, was es ist, nämlich bewußt europäisch. Es kann sein, daß nicht alle bedacht haben, was das für die Menschen bedeutet, deren Vorfahren einst über Jahrhunderte unter gerade dieser Brücke zur muslimischen Welt im Osmanischen Imperium gelitten haben.

Und auch im Kleinen müßte offen gesprochen werden, um Vorurteile abzubauen und Lügen auszuräumen. Der Krieg zwischen der kroatischen und der muslimischen Seite hat dazu geführt, daß einige nun gern so tun, als hätten die beiden Seiten immer in Feindschaft gelebt. Man

muß die Kroaten und Muslime an ihre über lange Jahrzehnte gewachsenen Gemeinsamkeiten erinnern, die ja
nicht ausgelöscht sind. Daß sie existieren, läßt sich leicht
belegen: Zum Beispiel gibt es an der zerschossenen Fran-
ziskaner-Klosterkirche noch heute eine Inschrift, mit der
dem türkischen Sultan gedankt wird, weil er den Grund
und Boden sowie eine große Summe zum Bau der Kirche
gespendet hat.

Oder nehmen wir einen Fall aus der jüngsten Vergangenheit: Es gibt einen Photoband, den beide Seiten nach
dem Krieg gegen die Serben über die Zerstörung von
Mostar gemeinsam herausgebracht haben: ›Urbizid von
Mostar‹. Daran haben Leute zusammengearbeitet, die sich
heute entschieden gegen die Versöhnung stemmen. Dort
ist zu lesen, und es entspricht der Wahrheit, daß die Stadt
von den Serben zu mehr als fünfzig Prozent zerstört
wurde. Nun wird heute von den Muslimen aber gern behauptet, daß die Zerstörung auf ihrer Seite hauptsächlich
die Kroaten angerichtet hätten – es soll also der letzte
Feind gewesen sein, der alles kaputtgemacht hat. Aber so
stimmt das eben nicht.

Immer wieder versuchen sie auch Unterschiede in der
Mentalität zu beschwören. Gerade die Kroaten tun es: Sie
seien westlicher und europäischer als die Muslime, damit
wird die Behauptung verbunden, das eigene Volk sei
fleißiger und verläßlicher. So war ich zum Beispiel bei
einer kroatischen Familie eingeladen. Der Hausherr ist
weitgereist, hat in Deutschland gearbeitet, sagt, er kenne
die Welt. Und der sagt nun: Die Muslime kriegen generell
viel mehr Kinder als wir und werden uns verdrängen. Und
weiter: »Ich habe in Duisburg gelebt, in Deutschland haben sie mit den Türken das gleiche Problem.«

Ich weiß dagegen aus Bremen, wo wir fünfundzwanzigtausend Türken und Kurden haben, daß dies so nicht stimmt. Die haben im Schnitt zwei oder drei Kinder. Tendenzen zur Großfamilie mag es auf den Dörfern geben, wo die Menschen lange abgeschlossen von der Großstadt lebten. Aber zwischen den städtischen Kroaten und Muslimen besteht kein Unterschied. So etwas sage ich dann auch deutlich. Und bei dieser Familie fand das Gespräch noch eine schöne Wendung. Da erscheint die Mutter, sie wird mir vorgestellt – wirklich eine großartige Frau. Und er sagt stolz, sieben Söhne hätte sie großgezogen. Meine Antwort war: »Ich wußte gar nicht, daß Ihre Mutter Muslimin ist.« Er stutzte und fing an zu lachen, meinte: »Nun ja, wir alle leben mit solchen Vorstellungen.«

Also das sind alles Vorurteile. Was die intellektuellen Fähigkeiten angeht bei Ärzten, Ingenieuren oder Journalisten oder Facharbeitern – da sehe ich keine Unterschiede. Die sind hier zusammen aufgewachsen, haben die gleiche Schule, die gleiche Universität besucht – und der Alltag der Muslime und Kroaten war in der Regel doch nicht sehr verschieden. Das ist alles mehr eine Frage der persönlichen Entwicklung. Gewiß ist es für uns manchmal frustrierend, wenn wir erleben, daß einige junge Männer nicht gern wieder alltägliche Arbeit verrichten wollen, weil sie zu lange nur im Militärdienst waren. Es fällt schon auf, daß die Frauen besonders aktiv sind, um ihre Familien am Leben halten, indem sie das Nötigste organisieren. Und manchmal müssen wir den Leuten sagen, daß wir gekommen sind, um mit ihnen zu arbeiten, nicht für sie. Dieses Problem gibt es aber auf beiden Seiten. Diese jungen Männer sind nicht von Natur aus faul – drei Jahre Krieg und der Mangel an Perspektive haben sie geprägt; wenn sie jetzt in den Straßen herumstehen, sind sie vielleicht auf Fronturlaub.

Seien wir also vorsichtig mit Allgemeinplätzen, auch um es jenen schwer zu machen, die hier so gern vereinfachen. Das Mißtrauen hier nimmt doch sehr merkwürdige Züge an. So sagen mir Kroaten – nicht einmal wenige –, den Serben könnten sie trauen. »Die mögen wir, die sind Christen und uns ähnlich.« Da muß man dann schon einmal deutlich werden und sagen: Irgendwas stimmt hier nicht. Gestern waren das noch – wie ihr sagt – eure größten Feinde, ihr habt gegen sie einen Verteidigungskrieg geführt. Und jetzt sind die Muslime an allem schuld? Übrigens habt ihr in Kroatien den Konflikt mit den Serben noch nicht einmal beendet!

Einen ersten Schritt zur Diskussion über die eigene Geschichte wollte ich im nächsten Stadtrat anregen. Wir sollten eine Kommission von Historikern einsetzen, die sich über die Namensgebung für Straßen und Brücken Gedanken machen soll. Ein Teil der Straßennamen ist gewiß gemeinsame Geschichte und wird nicht diskutiert werden müssen; ein Teil ist problematisch; und über einen Teil wird es gewiß Streit geben. Ich möchte, daß sie darüber in eine Diskussion geraten, denn sie werden nie richtig zusammenkommen, wenn sie diesen Teil der Geschichte nicht aufarbeiten.

Das war ein Fehler von Tito, der diese Geschichtsaufarbeitung verboten hatte; ein Fehler, der auch mit zum Zusammenbruch des Landes geführt hat. Unter Tito wurde nicht darüber gesprochen, was damals im Zweiten Weltkrieg zwischen Kroaten, Muslimen und Serben passierte. Schließlich ging es 1941 bis 1945 nicht nur gegen die Italiener und Deutschen, sondern es war eben auch ein Kampf untereinander, der sogar viel größere Opfer forderte. Da wurde manches unter Tito bewußt totgeschwiegen, nachdem die Partisanen in den Monaten Mai bis August 1945 blutige Rache genommen hatten. Nur innerhalb der eigenen Familie, in der Großfamilie, konnten die Erfahrungen des einzelnen in seiner Zeit weitergegeben werden, ohne daß sie durch eine offene Diskussion eingeordnet und relativiert wurden.

So war beinahe jeder von der eigenen Familienerinnerung besessen, sehr viele fühlen sich in ihrem Nationalismus bestärkt durch die Opfererfahrung der Vorfahren. Darüber müßten sie offen reden. Aber auch dazu scheint die Zeit noch nicht gekommen, zu sehr schmerzen noch die neuen Wunden aus den letzten Jahren.

Auch ich mußte noch viel über die Geschichte Jugoslawiens dazulernen und lerne noch jeden Tag dazu. Ich dachte, viel von dieser Region zu wissen, und stelle immer wieder fest, welche Lücken ich doch eigentlich habe. Dann denke ich, verdammt, das hast du nicht gesehen, das hast du früher nicht beachtet. Da ist zum Beispiel diese einem Ghetto ähnliche Abschottung der Dörfer, wo sich eine Feindseligkeit gegenüber der anderen Volksgruppe über Jahrhunderte hielt. Ich wußte nichts von der Macht der Großfamilie hier, die doch viel dominanter ist als viele andere Strukturen. Da konnten die Leute Schulen und Universitäten mit großem Erfolg besuchen, für manche blieben die Regeln und Einstellungen der Großfamilie bestimmend. Und dazu gehörte auch die Abgrenzung gegen die anderen Volksgruppen.

Ich habe seit den sechziger Jahren während meiner Reisen nach Jugoslawien natürlich mit Systemanhängern und Dissidenten gesprochen, mit hochgebildeten Menschen, die von ihrem Niveau her absolut von europäischem Standard waren. Heute erlebe ich, daß es eine ganze Menge an alten Strukturen gibt, die ich früher nicht gesehen habe, vielleicht auch nicht so wichtig fand; weil wir gedacht haben, die Entscheidungen gehen von der Stadt aus. Ich habe eines nicht bedacht: Man muß das flache Land miteinbeziehen, um ein Land begreifen zu können. Diesen Krieg haben oft gerade die Menschen vom Lande vorangetrieben und in die Städte getragen – einige entscheidende Figuren des Balkankonfliktes kommen aus diesen ländlichen Strukturen, die durch Überlieferung des Leids in der Großfamilie mehr geprägt sind als durch Aufklärung und Humanismus.

Wenn es um eine offene Berichterstattung oder Diskussion geht, habe ich mich oft gefragt, ob wir nicht vielleicht eine eigene Radiostation einrichten sollten. Denn die Zeitungen und Sender auf beiden Seiten trauen sich nicht, im eigenen Bereich nachzufassen und nachzufragen, und sind nicht kritisch gegenüber der eigenen Führung. Hier sind viele Journalisten nur in einer Hinsicht frei – es steht ihnen immer frei, die Meinung ihrer Regierung zu vertreten. Ich merke das schon bei meinen Pressekonferenzen, wenn sie wieder Propaganda-Fragen stellen, also viel verlautbaren und von sich geben und dabei eigentlich nicht nachfassen. Dann reagiere ich auch immer wieder mit kleinen Spitzen: Auf eine blöde Frage gibt es eine ironische Antwort. Ich möchte die hiesigen Journalisten gern ein wenig herauslocken, sie bei ihrer Ehre packen, wirklich kritisch zu sein – und nicht als Sprachrohr ihrer Obrigkeit aufzutreten.

Ein eigener Radiosender wäre im Prinzip wichtig, weil unsere Darlegungen oft falsch oder doch nur teilweise richtig übermittelt werden, besonders auf der kroatischen Seite gibt es da Probleme. Wir brauchten dazu ein paar mutige Journalisten, die wirklich versuchen, ihre Mitbürger zur Sprache kommen zu lassen; damit über die Probleme und Sorgen der Menschen in dieser Stadt berichtet wird. Nur bestünde die Gefahr, daß ein solcher Sender, weil er von uns kommt, von den Mostarern vielleicht als Regierungssender angesehen wird. Und deshalb haben wir darauf verzichtet.

Seit kurzem geben uns die Radiosender auf beiden Seiten immerhin Gelegenheit, zwei Stunden in der Woche im Rahmen von Interviews unsere Sicht der Dinge live – also ungeschnitten – darzustellen. Da können wir die Bevölkerung erreichen; aber ich frage mich, ob es reicht: Wir kämpfen sehr mit der Desinformation hier in Mostar.

Kapitel 11

Jens Schneider: Die Ljubic-Affäre

Ende Januar 1995

Die Kolonne der weißen Schützenpanzer rollt durch die Innenstadt direkt zum Hauptquartier der Europäischen Union. Vor dem Hotel Ero lassen die UN-Soldaten aus Spanien ihre Wagen halten. Dann fahren sie die Panzer nebeneinander, damit jeder Angreifer sofort erkennen kann, daß das Gebäude nicht schutzlos ist. Drinnen im Hotel herrscht eine angespannte Stimmung. Die Meldungen aus Mostar und Umgebung sorgen für Unruhe. Bewaffnete Kroaten haben am Rande der Stadt amerikanische Bosnier und einen Fahrer der muslimischen Stadtverwaltung als Geiseln genommen. Und: Auf beiden Seiten der Neretva stehen bewaffnete Kämpfer in Alarmbereitschaft, vielleicht kurz davor loszuschlagen. Irritiert fragen sich die Europäer, was ihnen bevorsteht: »Gehen die Kämpfe wieder los?«

In den Mitteilungen, die von der Europäischen Administration in lockerer Folge herausgegeben werden, fällt jene vom 27. Januar nicht weiter auf; mit keinem Wort wird die drohende Eskalation erwähnt. Auf keinen Fall soll die Mostarer Öffentlichkeit erfahren, was sich in jenen letzten Januartagen genau abgespielt hat: ein Operettenaufstand, so nennen es einige aus dem EU-Team im nachhinein, der die Stadt wieder an den Rand des Bürgerkriegs brachte.

Wohl kaum einer erinnert sich an diese Tage so genau wie der aus der Schweiz stammende Rechtsberater der Administration, Hans Birchler. »Denn damals wurde mir verkündet«, so sagt er Wochen später, »daß ich auf der Todesliste eines kroatischen Clans die Nummer 3 bin. Das war nicht mehr lustig.« Angefangen hat alles mit der Verhaftung eines Kroaten: Tihomir Ljubic, Angehöriger einer einflußreichen kroatischen Familie, wird in Ost-Mostar unter dem Vorwurf festgenommen, er habe während des Krieges zwei fünfzehn Jahre alte muslimische Mädchen vergewaltigt. Schon Monate vor seiner Verhaftung war er in Abwesenheit zu fünf Jahren Haft verurteilt worden.

Als die Festnahme bekannt wird, reagiert sein Clan mit einer Machtdemonstration, um ihn freizupressen. Angehörige anderer Gefangener beteiligen sich. Am Stadtrand von Mostar errichten bewaffnete Kroaten eine Straßensperre und nehmen einige aus Amerika angereiste Bosniaken als Geiseln. In der Administration kursieren erste Schreckensmeldungen: Kroatische Milizionäre brächten sich in Stellung, auch muslimische Kämpfer machten mobil. Die europäischen Verwalter spüren, wie um sie herum aus wenigen Ereignissen und vielen Gerüchten ein explosives Gemisch entsteht, das schon durch eine kleine Dummheit entzündet werden kann. Die politisch Verantwortlichen auf beiden Seiten fühlen sich an die Tage vor dem 9. Mai 1993 erinnert: Damals – als die Kämpfe zwischen Muslimen und Kroaten in Mostar ausbrachen – herrschte eine ähnliche Stimmung.

Die Angehörigen von Tihomir Ljubic setzen die Administration unter Druck: Sie solle dafür sorgen, daß der Verurteilte frei komme. Im Verlauf der Gespräche sprechen sie Drohungen aus, gegen einzelne, wie Hans Birchler, und gegen die ganze Administration. »Wenn nichts passiert, beschießen wir das Hotel Ero!« Vorsorglich fordert deshalb die Administration den Schutz des spanischen UN-Bataillons SPABAT an. All jene Einheimischen und Mitarbeiter von Hilfsorganisationen, die sonst täglich im Hotel Ero verkehren, merken auf. Noch mehr Gerüchte kommen in Umlauf. »Das Ero ist umstellt«, erzählen einige, und: »Die EU soll angegriffen werden«, oder gar: »Koschnick zieht ab«.

Hans Birchler hält im Auftrag der Administration Kontakt mit den Behörden im Osten und besucht den verurteilten Ljubic und andere Häftlinge im Gefängnis. »Der Richter in Ost-Mostar fühlte sich der Familie des Angeklagten sogar zu Dankbarkeit verpflichtet, weil sie ihm während des ersten Krieges mit den Serben sehr geholfen hatte«, erzählt Birchler. »So war er in einer Art Gewissensnot. Aber die Beweislage war erdrückend. Er mußte den Mann schuldig sprechen.«

Birchlers Gespräche führen nicht weiter, die Lage scheint ausweglos. Auf beiden Seiten der Neretva stellt man sich auf einen möglichen Konflikt ein. Inzwischen haben sich der Kroate Kresimir Zubak und der muslimische Vizepräsident von Bosnien-Herzegowina, Ejup Ganic, in Mostar eingefunden, um Entspannung in dieser gefährlichen Situation zu erreichen. Sie werden von ihren Innenministern und deren Stellvertretern begleitet, dabei sind auch die Kommandeure beider Armeen in der Region und die beiden Bürgermeister von West und Ost. »Sie führten lange Verhandlungen, an denen wir eigentlich gar nicht beteiligt waren«, erinnert sich Birchler später. »Am Ende haben sie ihre Lösung in aller Stille in einer Verhandlungspause gefunden.«

Es wird ein Gefangenenaustausch beschlossen: Ljubic und einige andere Kroaten werden in den Westen überführt, muslimische Häftlinge der Kroaten in den Osten gebracht. »Wir als Administration haben uns als Makler beteiligt, die Europäische Polizei hat den Austausch betreut.« Die EU-Polizei sichert zu, den Gefängnisaufenthalt von Tihomir Ljubic regelmäßig zu überprüfen – die Lage entspannt sich.

Ljubic sitzt einige Wochen ein, dann wird er befreit. »Es war ganz einfach wie in einem billigen Mafia-Film«, sagt Birchler. »So wie man es oft im Kino gesehen hat: Der Häftling wird krank und muß in eine Klinik eingeliefert werden. Dort holt ihn dann ein Kommando raus. Nun ist er verschwunden.«

Die Ljubic-Affäre ereignet sich in einer Periode, als die Entwicklung in Mostar zunehmend ins Stocken gerät, weil die kroatische Seite massiv blockiert. Die Halbjahresbilanz der Administration am 21. Januar 1995 klingt nur positiv, solange es um den Wiederaufbau in den einzelnen Stadthälften geht: Bis zum April soll der Wiederaufbau von dreitausendfünfhundert Häusern abgeschlossen sein; zwölf Unternehmen haben Investitionshilfe im Wert von drei Millionen Mark erhalten, damit die Wirtschaft angekurbelt wird; Banken sollen – unterstützt von der EU – Kredite zur Verfügung stellen; im Osten wird es bis Ende Februar dreihundert Telephonverbindungen geben; erstmals seit zwei Jahren konnten alle zwölftausend Schüler der Stadt seit dem Herbst wieder in regulären Schulen unterrichtet werden – wenn auch in wechselnden Schichten, solange nicht alle Renovierungen abgeschlossen sind; in Zusammenarbeit mit internationalen Hilfsorganisationen werden die Bewohner der Stadt mit Öfen und Heizmaterial versorgt, täglich werden in den Volksküchen fünfzehntausend Gratis-Mahlzeiten zubereitet. Soweit ist die

Bilanz positiv, und die Menschen in der Stadt erkennen das auch an.

»Ja, aber ...« lautet in Ost- und West-Mostar oft die Antwort, wenn nach den Erfolgen der Administration gefragt wird. »Es hat sich viel verbessert«, sagt die Dolmetscherin Ada, die uns schon im Sommer durch die Stadt geführt hatte, »aber im Prinzip ist alles gleich geblieben. Wir sind hier im Ostteil eingeschlossen.« Sie hat ihr kleines Café an der Hauptstraße im Osten wiedereröffnet; am Abend sitzen hier viele junge Leute bei Bier und Kaffee. »Aber die Leute haben kein Geld, weil sie nichts verdienen können. Es gibt ein paar Läden, aber wer soll schon dort einkaufen?« fragt sie.

Noch immer dürfen täglich nur zweihundertfünfzig Menschen die Seiten wechseln, Mostar ist weiter eine geteilte Stadt. Die Administration macht in ihrer Bilanz deutlich, daß dieser negative Aspekt vieles Positive überschattet: »Die EU-Administration ist keine humanitäre Organisation, sondern hat ein politisches Mandat mit dem Ziel, die zwei Hälften der Stadt zu vereinen.« Und genau davon ist man eben noch immer weit entfernt. Die Administration macht auch deutlich, wer dafür nach ihrer Einschätzung verantwortlich ist. »Wir haben große Schwierigkeiten, eine einheitliche Polizei aufzubauen, weil lokale Kräfte aus dem kroatischen West-Mostar sich dem raschen Aufbau einer solchen Institution widersetzen. Bisher war es nicht einmal möglich, eine Beratung der lokalen Polizei in der Polizeistation des Westens sicherzustellen, obwohl das *Memorandum of understanding* dies vorsieht.« Das Fazit: »Wenn die öffentliche Sicherheit nicht durch eine vereinte Polizei gewährleistet ist, kann die volle Bewegungsfreiheit in der ganzen Stadt nicht wiederhergestellt werden.« Ohne gemeinsame Polizei also muß Mostar geteilt bleiben – die Hardliner auf seiten der Kroaten wissen dies sehr genau.

Hundertsiebenundzwanzig Polizisten aus verschiedenen Mitgliedsländern der Westeuropäischen Union WEU sind Ende Januar in der Stadt – noch immer nicht ganz das vorgesehene Kontingent. Die meisten, nämlich dreiundsechzig, kommen aus der Bundesrepublik, zwanzig aus Frankreich, sechzehn aus den Niederlanden, elf aus Portugal, zehn aus Spanien, fünf aus Großbritannien und zwei aus Luxemburg – allesamt freiwillig. Sie fahren Streife, bilden Polizisten aus dem Osten Mostars aus und versuchen in der Stadt in Gesprächen Vertrauen aufzubauen. Sie engagieren sich in der Freizeit für ein Waisenhaus, beteiligen sich auch an anderen Hilfsprojekten. »Oft werden wir in der örtlichen Presse als Besatzungsmacht beschimpft«, klagt ein bayrischer Polizist. »Ich suche möglichst viel Kontakt mit den Einheimischen, um zu zeigen, daß das nicht stimmt. Ich versuche zu erklären, warum wir hier sind. Wir sind doch Helfer, keine Besatzer.«

Ihre eigentliche Aufgabe können die Polizisten nicht erfüllen: Weil die kroatische Seite die Zusammenarbeit boykottiert, sind die Euro-Polizisten im Kampf gegen die Kriminalität weitgehend machtlos – vielen ist die Enttäuschung darüber anzumerken. So beeindruckt in erster Linie eigentlich ein Nebenprodukt ihres Engagements in Mostar: die reibungslose Zusammenarbeit der Polizisten aus verschiedenen europäischen Ländern. Noch Monate nach ihrer Ankunft kann Hans Koschnick sich begeistern, wenn er die Zweier-Teams in der Mittagspause im Hotel Ero entdeckt. »Sieh mal, ein Portugiese und ein Franzose. Oder da ein Deutscher und ein Holländer. Die sitzen nach dem Dienst weiter zusammen. Das ist Europa!« Ein Polizist schwärmt von der angenehmen Atmosphäre. »Mal feiern wir bei den einen, dann bei den anderen.«

Inzwischen bekommen die Administration und die internationalen Hilfsorganisationen die Kriminalität besonders im Westen der Stadt selbst zu spüren: Binnen kurzer Zeit werden den ausländischen Helfern mehrere wertvolle Autos gestohlen – darunter sehr teure, kugelsichere Landrover. »Besonders im Westen herrscht eine beunruhigende, manchmal bedrohliche Atmosphäre«, klagt ein UN-Mitarbeiter. »Da mußt du auf der Hut sein.« Auch im Ostteil, wo die Cafés und Restaurants seit Jahresbeginn wieder geöffnet haben, werden Helfer aus dem Ausland nun Opfer von Straftaten. »Aber dort ist das noch eine Ausnahme«, sagt ein deutscher Ingenieur. »Und ich habe den Eindruck, daß es den Polizisten im Osten doch peinlich ist, wenn du einen Diebstahl anzeigst. Und wenn du es Bekannten im Osten erzählst, fragen die: Das ist dir hier bei uns passiert? Es tut uns wirklich leid.«

Zum 15. Januar lädt die Administration zum ersten gemeinsamen Sportereignis in der Stadt seit Ausbruch des Krieges. Schachspieler von beiden Seiten sollen bei einem Turnier gegeneinander antreten, die Verbände beider Seiten sind einverstanden; die Administration läßt das Ereignis in den lokalen Zeitungen und Radiosendern stolz ankündigen. Als dann die Schachgruppe mit fünfundzwanzig Teilnehmern aus dem Osten der Stadt am frühen Morgen anreist, verweigert die kroatische Polizei ihr den Zugang zum Hotel Ero. »Die Personen hatten weder gültige Dokumente noch die Einwilligung der kroatischen Behörde«, begründet die Polizei ihre Aktion. Das Turnier kann nicht stattfinden. Die Vertreter der Administration reagieren erbost. Alle Seiten hätten schließlich lange schon

UN-Fahrzeuge an der früheren Frontlinie

UN-Sanitätspanzer auf der Pionierbrücke an der Stelle der ehemaligen Tito-Brücke

den freien Zugang zum Hotel Ero schriftlich garantiert, die Kroaten hielten sich damit also erneut nicht an ihre Zusagen.

Nur wenige Tage später kommen der kroatische Außenminister Mate Granic, Premierminister Nikola Valentic und Verteidigungsminister Gojko Susak in die Stadt und bekunden der Administration ihre volle Unterstützung. Besonders der Auftritt von Gojko Susak erscheint als ein wichtiges Signal, er stammt aus der Herzegowina und gilt als kroatischer Hardliner. Doch mittlerweile ist fraglich, wie groß der Einfluß der Regierung auf die Mostarer Lokalpolitiker noch ist. »Die Kroaten wechseln ständig ihren Kurs, und es erscheint mir offenkundig, daß sie direkt von Zagreb abhängen. Der Präsident und der Außenminister bestimmen die Linie«, sagt ein Mitarbeiter einer Hilfsorganisation, der seit langem in der Stadt arbeitet. In der Administration aber wachsen die Zweifel darüber, wie groß der Einfluß Zagrebs tatsächlich ist.

Am 24. Februar wird die Potoci-Brücke eingeweiht, die mit dem Geld der Europäischen Administration gebaut wurde und vorerst allein den Kroaten nutzt. Sie verbindet zwei von den Kroaten gehaltene Uferabschnitte. Hans Koschnick ist zur Einweihung eingeladen, sagt aber im letzten Moment ab. Entgegen allen Absprachen haben die Kroaten die Brücke ausschließlich mit Fahnen der nicht anerkannten Republik *Herzeg-Bosna* geschmückt, die es eigentlich gar nicht mehr geben soll. Die bosnische Fahne ist nicht zu sehen.

Die Rede, die er halten wollte, läßt Koschnick schriftlich veröffentlichen. Sie enthält deutliche Worte in Richtung der kroatischen Führung. »Drücken Sie auf den Knopf!« lautet eine Forderung. Seit Wochen blockieren die Kroaten einen der wichtigsten Fortschritte für die Ostseite; die Leitungen für die Stromversorgung der muslimischen Hälfte sind repariert oder neu verlegt – doch die Stromzufuhr muß über den Westen kommen. Hier weigern sich die Verantwortlichen, den »Knopf zu drücken«. Erst zwei Wochen später geben sie die Verbindung dann doch frei, der Ostteil Mostars kann zu siebzig Prozent mit Strom versorgt werden.

In der Zwischenzeit droht der Konflikt zwischen der Administration und der kroatischen Führung in einer anderen Frage zu eskalieren. Für die ganze Stadt soll das neue Zentralkrankenhaus im Westteil Mostars mit Mitteln der Europäischen Union wiederhergestellt werden. Doch die Administration stellt klare Bedingungen: Bevor Geld investiert wird, soll sichergestellt werden, daß auch die Muslime aus Ost-Mostar das Hospital frei erreichen können. Als die Administration an Ärzte ihrer Wahl aus Ost-Mostar Ausweise ausgibt, damit jene das Krankenhaus frei erreichen können, fühlen sich einige Politiker im Westteil übergangen. »Das ist unsere Zuständigkeit«, protestiert Mile Puljic, der als Hardliner in der Stadtregierung des Westens gilt. Er will den freien Zugang zum Westen für die Ärzte nicht akzeptieren; einige Kroaten erheben auch Einwände gegen die Zusammensetzung der Gruppe der muslimischen Ärzte.

Die Administration reagiert sehr ungehalten: »Damit ist das *Memorandum of understanding* in Frage gestellt und auch das ganze Projekt der Europäischen Union.« Eine kroatische Tageszeitung stellt die Frage: »Verläßt Koschnick Mostar?«

Kapitel 12

Hans Koschnick: Wenn es so weitergeht, gehe ich

Februar/März 1995

In den ersten Monaten dieses Jahres ist alles immer schwieriger geworden. Nun, Anfang März, stehen wir an einer Weggabelung: Wenn nicht in bestimmten Problemen Bewegung deutlich wird, müssen wir der Europäischen Union vielleicht empfehlen, die Arbeit hier abzubrechen. Ich habe das den Parteien in der Stadt auch schon signalisiert und diese Überlegung in einer Pressekonferenz angedeutet.

Dabei geht es im Prinzip um zwei zentralen Fragen: die gemeinsame Polizei und die allmähliche Herstellung der Bewegungsfreiheit in der Stadt. Ich hatte mir vorgestellt, in diesen Fragen spätestens im Frühjahr ein wenig voranzukommen; andernfalls hätte das ganze Projekt auch keinen Sinn, weil sich sonst die Teilung immer weiter verfestigt und wir schließlich nur zwei Jahre Zeit haben. In den letzten Monaten sind wir immer mehr auf der Stelle getreten. Aufgrund der Blockadepolitik der Kroaten ging nichts voran. Wir spüren in den Gesprächen eine absolute Unwilligkeit der Kroaten, überhaupt darüber nachzudenken, wie wir das Ziel einer gemeinsamen Polizei erreichen können, wie wir die Stadt wieder öffnen können.

Es wird bei einigen der Kroaten deutlich, daß sie alles tun, um die Vereinigung der Stadt zu verhindern. Die wollen auf jeden Fall zwei Gemeinden und nicht eine

Gemeinde Mostar. Sie sagen es sogar: Dies sind zwei Städte!

Ich arbeite jedoch hier für eine vereinte Stadt. Über deren Strukturen können wir gern reden – aber nicht über den Grundsatz. Wenn ich hier weggehe, und es gibt am Ende zwei Gemeinden, habe ich meinen Auftrag nicht erfüllt. Das habe ich deutlich gesagt, als jetzt Anfang März wieder Schwierigkeiten auftraten, als wir die Passierscheine für die Ärzte aus dem Osten zum Krankenhaus im Westen ausstellten.

Einigen muß immer wieder deutlich gesagt werden, daß wir nicht gekommen sind, um hier wie die Wohltäter Geld zu verschenken in Form von neuen Krankenhäusern oder Schulen. Es steckt die Idee dahinter, daß wir ein Krankenhaus für die ganze Stadt wieder herrichten lassen, und dafür geben wir zig Millionen Mark aus Europa aus. Wir tun dies aber nicht, damit nur eine Seite davon profitiert.

Derzeit spüren wir, ebenso wie die unabhängigen Hilfsorganisationen, ständig neue Widerstände. Das Klima ist mitunter unangenehm – etwa wenn der Schweizer Hilfsorganisation *Swiss Desaster Relief* binnen kurzer Zeit drei sehr wertvolle Dienstwagen gestohlen werden. Solche Diebstähle passieren immer häufiger, auch die EU-Administration war schon betroffen, und manchmal fragen wir uns, welche Rolle dabei wohl die kroatische Polizei spielt, deren Beamte eigentlich gerade in der Nähe eines Autos stationiert waren, das dann gestohlen wurde. West-Mostar ist bereits zu einem regionalen Zentrum für den illegalen Waffenhandel geworden, das ist eine sehr beängstigende Entwicklung. Zugleich müssen wir uns immer mehr sorgen, daß Mostar zu einem Drogenumschlagplatz oder zu einem Waschplatz für illegale Gelder werden könnte – entsprechende Beobachtungen nicht nur unserer Polizei häufen sich. In einem Kriegsgebiet, in dem junge Menschen ständig in einer Bedrohungssituation leben, kommt es halt schnell zu Drogenkonsum. Der Bedarf also ist groß, zudem wird immer mehr auch an der Frontlinie angebaut, wo sich wegen der unsicheren Situation keine Kontrolleure hinwagen.

Die Blockadepolitik der Kroaten verläuft nach einem mittlerweile bekannten Muster: Sie machen Absprachen mit uns, alles scheint geregelt – und dann gehen sie nach Hause, sprechen mit ihrer Partei, mit Hintermännern, oft wissen wir nicht, mit wem –, und alles ist wieder anders. Inzwischen habe ich den Eindruck, klare Absprachen gelten nur, solange die Gesprächspartner mir in die Augen schauen. Da hat es durchaus auch für mich persönlich Enttäuschungen gegeben. Da meint man, zu jemandem ein gutes Verhältnis aufgebaut zu haben, vertraut ihm wirklich. Und dann fällt alles ganz schnell wieder zusammen, sobald er wieder im Kreis seiner Leute ist – vielleicht auch nur, weil er sich da nicht durchsetzen kann, selbst wenn er es will. Daß Papier hier auf dem Balkan sehr geduldig ist, wußte ich wohl vorher. Das konnte jeder an den immer wieder geschlossenen und dann gebrochenen Waffenstillstandsabkommen ablesen. Aber von persönlichen Absprachen hatte ich doch mehr erwartet.

Die Motive der Hardliner im Hintergrund sind recht leicht zu durchschauen. Sie wollen nicht, daß wir Erfolg haben. Denn wenn wir Erfolg haben, fällt ihre Macht, ihr Status allmählich in sich zusammen. Und da sie eine Menge Geld verdienen in dieser Situation und freie Hand haben, wenn sie die Spielregeln diktieren können, möchten sie uns hier eben nicht dulden. Die Normalisierung ist ihr Feind. Es ist ganz einfach: Wenn es hier zur Vereinigung kommt, verlieren die Provinzfürsten eventuell alles. Und die sagen sich: Ich bin lieber König in meinem kleinen Reich als vielleicht Herzog in einem sehr großen Staat. Der wohl mächtigste Mann hat sich bis heute nur einmal dazu herabgelassen, mit mir zu sprechen, damals nach dem Attentat. Ich brauche ihn auch nicht als Gesprächspartner, denn er ist offiziell für diese Stadt nicht zuständig. Es ist die Aufgabe anderer Leute, hier Verbindungen herzustellen.

Im Moment haben die Hardliner aus zwei Gründen leichtes Spiel. Zum einen habe ich leider auch die Folgen eines Bürgerkrieges unterschätzt. Man muß hier gewesen sein, um die Bitterkeit und den Haß unter den Menschen zu spüren. Ich habe mich in den ersten Monaten immer wieder gefragt, warum die Spannung so stark ist – es konnte nicht nur Nationalismus sein, reine Ideologie reicht dazu nicht aus. Nur langsam habe ich gelernt, wie es hier wirklich zugegangen ist: Beide Seiten wissen, wer hier auf wen geschossen hat, wer die Männer in die Camps gebracht hat, wer hier als Sniper, also als Scharfschütze, geschossen, gemordet hat – die Menschen hier wissen es. Sie haben damals auf den gleichen Funkkanälen gefunkt – und da haben sie die Befehle der jeweils anderen Seite mithören können. Welche Spuren und vielleicht auch Gelüste auf Revanche so etwas hinterläßt, das habe ich vorher unterschätzt.

Und selbstverständlich ist die derzeit bedauerliche Entwicklung in Bosnien nicht förderlich. Wenn die Lage eskaliert und die Zeichen auf Krieg stehen, nährt das nicht unbedingt die Versöhnungsbereitschaft hier in der Stadt. Es stärkt die Hardliner, die dann keinen Druck verspüren,

sich auf die neuen Bedingungen in der Nachkriegszeit einzustellen. Bei denen stärkt sich vielleicht sogar das Gefühl,
sie könnten in uns eine nur vorübergehende Erscheinung
sehen, von der man eben nimmt, was man braucht, ohne
zu geben.

Hinzu kommt die Stagnation der bosnisch-kroatischen
Föderation. Diese Föderation sollte eigentlich – dem Papier nach – schon seit dem letzten Herbst umgesetzt sein.
Tatsächlich aber existieren weiterhin drei Führungen nebeneinander, nämlich die wohl am wenigsten einflußreiche der Föderation, dazu die bosnische Regierung und
noch immer die Regierung von *Herzeg-Bosna,* also die
Führung des international nicht anerkannten Staates der
Kroaten in der Herzegowina, die weiterhin Macht und Einfluß in der Region hat und ihre Strukturen aufrechterhält.

Die Kroaten haben das Gefühl, wenn sie nach Zentralbosnien gucken, daß die Bosniaken diese Föderation nur
formal wollen, um im Europäischen Konzert mitzuspielen.
Sie fürchten, daß die Muslime zur gleichen Zeit aber die
Einflüsse der Kroaten minimieren wollen, so wie die Kroaten es in Mostar mit den Bosniaken tun. Da beäugen und
mißtrauen sich die verschiedenen Führungen weiter, und
wir müssen erkennen, daß beide jeweils dort, wo sie die
Stärkeren sind, nichts von ihrer Macht preisgeben wollen.
Das gilt auch für die Muslime in den Gebieten, wo sie in
der Mehrheit sind. Da dominieren sie und lassen den Kroaten wenig Raum. Das sehen nun die Kroaten hier und
fühlen sich in ihrer Linie bestätigt. Sie meinen, die Föderation nicht zu brauchen, um leben zu können. Also versuchen sie, die Muslime in eine Rolle hineinzudrängen,
wie sie die Kroaten in Zentralbosnien haben, also als ge-
fügige Minderheit.

Was wir konkret für den Wiederaufbau tun, wird akzeptiert, zum Teil auch respektiert. Wenn wir jedoch ganz konkrete Fragen der Vereinigung ansprechen, knirscht es hier bei den Kroaten und in Zentralbosnien bei den Muslimen. Was ich in den ersten sechs Monaten in dem Maße nicht so gesehen habe, war, wie sehr wir doch hier in die Föderation eingebunden sind. Ich wußte immer, daß wir die Vorreiter sind, daß es – wenn es bei uns gut geht – ein »Mostar 2« an einem anderen Ort geben sollte. Mostar sollte Vorbild für ganz Bosnien sein. Aber was ich nicht so gesehen habe, ist, daß diese Verbindung auch in umgekehrter Richtung besteht. Wenn es schlecht läuft und die Föderation einen Rückschlag erleidet, fallen wir hier in Mostar – wo wir auf die Kooperation angewiesen sind – um zwei Schritte zurück. Mostar wird mitgerissen von der Föderation. Fazit: Die Situation ist schwieriger, als ich angenommen habe.

Mir fällt immer mehr auf, daß die führenden Politiker beider Seiten ihren Leuten hier nicht genügend reinen Wein einschenken. In den Absprachen mit uns, mit den Vereinten Nationen oder den USA zeigen sie sich versöhnlich und an Fortschritten interessiert – aber gegenüber ihren Parteifreunden und der Bevölkerung verschweigen sie das und tun gern so, als stünden auch noch andere Möglichkeiten offen. Das bedeutet, daß die Funktionäre auf der mittleren Ebene gar nicht genau wissen, wie die Führung die Lage in der UNO einschätzt. Sie wissen auch nicht, wie die Stimmung in der Europäischen Union wirklich ist oder was die Amerikaner denken. Das geht so weit, daß die Kroaten gern so tun, als sei das deutsche Engagement nur ein Ausdruck von Sympathie, als verberge sich dahinter nicht eine Absicht, nämlich gemeinsam mit den anderen Ländern Europas die Versöhnung hier voranzu-treiben.

Die Muslime und Kroaten gelten offiziell in Bosnien wie-der als Partner. Sie haben sich inzwischen an den Fronten auch auf die Serben als gemeinsame Gegner eingestellt. Dennoch befürchte ich eher einen wiederaufbrechenden Konflikt zwischen Muslimen und Kroaten hier als einen massiven Angriff der Serben auf Mostar. Auch die Bevöl-kerung hat davor mehr Angst. Die einfachen Leute sagen uns: Je länger ihr von der Europäischen Administration bleibt, desto sicherer wird es für uns, hier zu leben; aber die Gefahr ist lange nicht vorbei, daß wir bei eurem Ab-zug wieder aufeinander losgehen.

Die Spannungen rund um die Verhaftung von Ljubic im Januar haben wirklich deutlich gemacht, wie schnell alles wieder brenzlig werden kann. So was kann hier jeden Tag wieder passieren. Es ging sehr schnell, daß sich einige Gruppen bewaffnet hatten und mit Gewalt nach einer Lö-sung suchen wollten. Wir mußten nun deutlich machen, daß es mit uns keine Lösung gibt, bei der wir Leute aus dem Gefängnis holen, die rechtskräftig verurteilt sind. Umgekehrt aber galt: Wenn wir größere Gefahren abwen-den können, etwa indem die Form der Inhaftierung sich ändert, sollten wir das tun. Die beiden Militär-Komman-deure der gegenüberliegenden Ufer, der Innenminister der Föderation, sein Stellvertreter sowie die beiden Bürger-meister und eben die Präsidenten Zubak und Ganic haben hier zusammen eine Lösung gefunden. Wir haben nur das Gastrecht im Hause gegeben und dabei signalisiert, in wel-cher Form wir mitmachen können.

Aber es war ihre Entscheidung, Ljubic aus dem musli-mischen Gefängnis in den Westen in ein kroatisches Gefängnis zu überstellen. Dabei ist übrigens bemerkenswert, daß extremistische Kroaten in diesem Konflikt forderten, daß ich meine Grenzen überschreiten und mit Gewalt die Freilassung eines rechtskräftig Verurteilten bewirken sollte. Es waren jene, die mir sonst unterstellen, hier Okkupant, Eindringling und Störenfried zu sein. Logik ist eben ein Fremdwort in dieser internen Standortbeschreibung der Balkanregion.

Kapitel 13

Jens Schneider: Bäume pflanzen, Bäume ausreißen

April 1995

Dem Ehrengast ist anzumerken, daß die Aufgabe mehr Pflicht als Ehre ist: Mit einem hastigen, betont beiläufigen Handgriff schnappt Hans Koschnick sich den kleinen Spaten, sticht ihn einmal kurz ein, schaufelt ein wenig und lächelt einen Moment für die wenigen Kameras. Damit ist die Sache erledigt, der Baum eingepflanzt. Im Hintergrund witzelt einer aus dem Team der Europäischen Union, leise, für den großen Kreis nicht hörbar: »Mal sehen, wie lange dieser hier steht. Das ist doch ein schönes Spiel: Bäume pflanzen, Bäume ausreißen, Bäume wieder einpflanzen.« Koschnick gibt den Spaten aus der Hand, man hört Beifallklatschen, und wieder ist eine Schule eingeweiht.

Dann zieht der Pulk der kroatischen Politiker, Schulräte und Lehrer, Eltern und Honoratioren zusammen mit den Schweizer Bauträgern und den Gästen von der Europäischen Union wieder ab – vorbei an den kroatischen Wappen an der Eingangsempore, vorbei am Schriftzug *Herzeg-Bosna*, der auf einem neuen Schild rechts neben dem Eingang prangt.

Die letzte Märzwoche ist für die Europäische Administration eine Woche der sichtbaren Erfolge: Es werden zwei von Hilfsorganisationen vollkommen renovierte Schulen und ein neues Altersheim in Mostar eröffnet, in der Vorwoche hatte Hans Koschnick bereits eine Grund-

schule in West-Mostar eingeweiht. Auch da pflanzte er
einen Baum; doch über Nacht hatten Unbekannte die
kleine Pflanze herausgerissen und über den Schulzaun geworfen. Sie wurde wieder eingepflanzt. In der nächsten
Nacht machten sich erneut Unbekannte ans Werk: Diesmal
kappten sie den kleinen Baum.

»Das sind so die kleinen Nadelstiche derer, die uns hier
nicht haben wollen«, sagt ein EU-Mitarbeiter. Koschnick
lacht, wenn er auf die Posse um die Pflanze angesprochen
wird: »Ach, das ist doch nichts. Wir wissen doch, daß es hier
Leute gibt, die unseren Einsatz nicht uneingeschränkt begrüßen. Wenn sie nur einen Baum ausreißen, soll mich das
nicht stören.« Ihm seien Einweihungen und Eröffnungen ohnehin nicht wichtig. »Wichtig ist, daß die Sache fertig ist. Ein-
weihen kann dann jeder!« Vielleicht versucht er deshalb, der
Feier jeden Pomp zu nehmen, pflanzt er das Bäumchen so
schnell, als wolle er am liebsten nicht dabei erwischt werden.

In der Turnhalle singen Schülerinnen die kroatische
Nationalhymne, es werden kleine Reden gehalten und
Honoratioren geehrt, auch ein Pfarrer spricht. Eine junge
Übersetzerin aus dem Ostteil beklagt sich hinterher:»Hier
sollen doch auch muslimische Kinder zur Schule gehen.
Aber alles ist von den Kroaten nur auf ihre eigene Kultur
und Religion ausgerichtet. Wie sollen sich unsere Kinder
da wohlfühlen?«

Hans Koschnick wird nach vorn gebeten. Er versucht,
die bemühte Feierlichkeit mit Witzen und Wortspielen auf-
zubrechen, die seine Dolmetscherin so schnell kaum übersetzen kann. Ihm hat nicht gefallen, daß die Kinder sich
vor ihren Eltern und Lehrern bei einer Art Schwur zu Folg-
samkeit verpflichten mußten. »Das ist keine Art. In der
Schule soll es fröhlich zugehen.«

Er wendet sich an die Kinder: »Ich war in der Schule immer sehr für Teamwork. Die anderen haben gearbeitet, und ich habe dann abgeschrieben. Das war eine schöne Zusammenarbeit, das war wirklich Teamwork.« Die Übersetzerin hat einige Mühe, die Pointe zu übertragen. Einige im Publikum lachen, und ein paar Schüler schmunzeln; manche Zuschauer wirken eher erstaunt, als würden sie nicht verstehen, warum der Administrator das jetzt gesagt hat. In einer Region, wo keine Gelegenheit ausgelassen wird, um Würde und Getragenheit im Schatten von Fahnen zu demonstrieren, ist sein Auftreten für manche irritierend.

Koschnick überreicht den Schülern ein Bilderbuch aus Österreich, es heißt ›Auf der anderen Seite des Flusses‹ und stammt aus den siebziger Jahren. Es erzählt, wie Bürger einer kleinen Stadt, die durch einen Fluß geteilt ist, auf der Brücke in Streit geraten. Als der Zwist immer heftiger wird, bricht die Brücke unter den Streitenden weg: Es gibt nun keine Verbindung mehr zwischen beiden Ufern. Für eine kurze Zeit sind alle glücklich über die Trennung. Dann entdeckt der Bäcker, daß er nicht ohne das Mehl des Müllers leben kann, der Bauer nicht ohne den Hufschmied, die Kinder nicht ohne ihre Spielkameraden von der anderen Seite.

Dieses Buch hat Hans Koschnicks Frau Christine entdeckt. Sie hat gleich einen ganzen Stapel gekauft. Dolmetscherinnen der Administration haben in ihrer Freizeit einen kroatischen und einen bosnischen Text geschrieben, und einer von Koschnicks Leibwächtern überklebte die deutschen Texte mit den Übersetzungen. Bei jeder Schuleröffnung wird eines dieser in Bastelarbeit entstandenen Bücher überreicht, und stets betont Koschnick, daß seine Frau das Geschenk ausgesucht habe, »das ist politisch unverdächtig«.

Es sind allerdings nur Grundschulen, die in diesen Tagen eröffnet werden. Bei ihren Bemühungen, eine gemeinsame höhere Schule wiederaufzubauen, ist die Administration noch immer nicht vorangekommen. Zehn Millionen Mark wollte die österreichische Regierung in die Renovierung des alten Gymnasiums am Checkpoint am Hitplatz – auf der kroatischen Seite des Boulevards – investieren, das einst die Habsburger hatten bauen lassen. Heute steht von dem Gymnasium nicht viel mehr als die Fassade. »Das Projekt wird wohl nicht zustande kommen. Die Kroaten wollen die gemeinsame Schule nicht. Eigentlich wissen wir das schon seit Oktober«, sagt der österreichische Ressortleiter für Schulen, Helmut Bachmann.

Schon allein die Barrieren zwischen Ost und West stehen einer gemeinsamen Schule im Weg – die Führung der Kroaten müßte den Schülern jeden Tag den Zugang gestatten. Hinzu kommt der Streit um die kulturelle Autonomie, der zur Ablehnung aller Vorschläge Bachmanns beiträgt. »Sie betonen die kulturellen Unterschiede, um die Trennung aufrechtzuerhalten. Im Mittelpunkt steht dabei die Sprache, wobei ich sagen muß, daß es gar keine Sprachunterschiede gibt zwischen beiden Seiten.« Der Österreicher schlug vor, den Geschichts- und Religionsunterricht für die Volksgruppen getrennt zu geben. »Der Rest, so dachte ich, dürfte keine Probleme ergeben: Es gibt doch nur eine Mathematik oder eine Physik – unabhängig von Kulturfragen. Aber dann haben die Kroaten und Muslime gefragt: In welcher Sprache?« Bachmann schlug weiter vor, das alte Gymnasium als multikulturelles Versuchsmodell aufzubauen, einfach auch die Lehrer je nach Bedarf anzustellen und sie in ihrer Sprache unterrichten zu lassen. »Aber es ging nicht. Die Kroaten verzichten lieber aufs Geld – das finanzieren wir dann eben selber, sagen sie.«

Manchmal scheint es, als müßten sich die beiden Seiten erst einmal unter erheblichen Mühen auseinanderbewegen, bevor sie beide selbstbewußt genug sind, wieder aufeinander zuzugehen. Mehr als zuvor betonen viele Muslime ihre Eigenheiten; und auf der kroatischen Seite meinen wohl nicht nur Hardliner, daß man sich in einer vereinigten Stadt gegen die andere Seite nur schwer behaupten könnte.

Besonders deutlich wird dieser Konflikt in der Sprachfrage. Mittlerweile muß die EU auf Wunsch beider Seiten ihre Papiere ins Bosnische und ins Kroatische übersetzen lassen, was nicht gerade leicht ist, weil sie kaum Übersetzer findet, die den Unterschied genau kennen.»Ich versuche es ja, aber ich spreche Salat«, sagt eine, die noch als besonders flexibel und kundig gilt. Die mit einem Kroaten verheiratete Muslimin stört sich persönlich nicht am ›Neusprech‹.»Wir haben einen Krieg gehabt, nun beginnt eine neue Zeit. Da muß ich mich doch nicht aufregen. Es gibt wirklich Schlimmeres. Warum soll ich mich ärgern, wenn die Kroaten wollen, daß ich *kruh* für Brot sage? Sie wollen ihre eigene Kultur fördern. Das muß man verstehen!« *Kruh* heißt Brot in West-Mostar, *hljeb* im Osten; freilich kann kein West-Mostarer behaupten, er wisse nicht, was *hljeb* bedeute.

Einige Ausländer und besonders junge Muslime und Kroaten amüsieren sich im stillen über die selbsternannten Sprachhüter auf beiden Seiten, die bei ihren Landsleuten auf die Wahrung der Regeln pochen, etwa, wenn jemand während einer Radiosendung mal wieder »Salat« gesprochen hat. »Das ist alles Quatsch. Es gibt keine Unterschiede«, sagt eine junge Kroatin. »Neulich habe ich einen Italiener getroffen, der mir weismachen wollte, er lerne zwei Sprachen gleichzeitig: nämlich Bosnisch und Kroatisch. Da wäre ich ja wirklich ein Sprachengenie, weil ich mich auf beiden Seiten verständigen kann und auch noch Englisch und Deutsch spreche.« Am 1. April lästert die muslimische Studentin Adela: »Ach, die Kroaten tun mir leid. Sie können keine Aprilscherze mehr machen.« Wer früher in Bosnien jemanden in den April schickte, spielte mit der Endung des Worts April, wenn er den Scherz auflöste – fast wie im Deutschen: »Aprililili!« Auf kroatisch heißt April hingegen *travanj*. »Aber damit lassen sich keine Späße machen«, sagt Adela. »Travanjnjnj – das klingt nicht komisch! Arme Kroaten!«

»Wir haben nur Mostar. Wir haben für unsere Identität, unseren katholischen Glauben und unsere kroatische Sprache gekämpft«, sagt Bürgermeister Brajkovic. »Der Kampf darf nicht umsonst gewesen sein.« Es sei besser, wenn es vorerst zwei Rathäuser in der Stadt gebe. Brajkovic warnt weiterhin vor möglichen Racheakten nach einer Öffnung der Grenzen. Es ist schwer einzuschätzen, ob es sich bei dieser Warnung um einen Vorwand handelt. Gerade in Ost-Mostar, wo die Menschen besonders gelitten haben, ist von Rachegelüsten nichts zu hören.

Hardliner wie Mile Puljic, der sich selbst als erster Mann hinter Brajkovic einstuft, geben sich mißtrauisch gegenüber den Muslimen im Ostteil Mostars. »Dort leben keine europäischen Muslime mehr. Sie sind radikalisiert. An unseren Checkpoints sehen wir täglich zehn bis fünfzehn Muslime aus Libyen oder Tunesien. Die kommen her, um Krieg zu führen. Das sagen sie selbst.« Er spricht von seiner Angst, daß die Europäer länger als zwei Jahre bleiben könnten. »Österreich-Ungarn wollte damals für sechs Monate bleiben, am Ende wurden es vierzig Jahre.«

Demonstrativ hält er im Gespräch eines der wenigen Dekrete von Hans Koschnick hoch. »Er erläßt Dekrete! Was ist er? Etwa ein Protektor? Das ist vielleicht die Art Demokratie, wie sie in Deutschland herrscht.« Auch Puljic will zwei unabhängige Gemeinden mit einer schwachen, übergeordneten Stadtführung. »Aber wir brauchen die Muslime nicht. Wir können ohne sie leben, sie aber nicht ohne uns. Jeder von ihnen kann bei uns studieren oder zur Schule gehen: aber in Kroatisch. Wir könnten auch ohne die EU überleben und sind in gewissem Sinne nicht glücklich über ihre Anwesenheit. Wir brauchen ihr Geld nicht. Ich möchte nicht Freiheit gegen Geld tauschen.« Und dann fragt er noch, wie viele Muslime in München oder Berlin leben. »Schauen Sie sich das genau an. Das ist ein Problem!«

Die EU bekommt diesen Konflikt zwischen West und Ost immer wieder zu spüren. So an der Baustelle zur Zarenski-Brücke, die als erste feste Brücke aus Stein beide Stadthälften verbinden soll. Die Baustelle liegt auf kroatischer Seite nur wenige Meter vom Eingang zum Hotel Ero entfernt. Die Administration hat ein Bauschild aufstellen lassen, auf dem auch das Land »Bosnien-Herzegowina« erwähnt wird. Irgend jemand hat »Bosnien« durchgestrichen und die Fahne von *Herzeg-Bosna* auf das Bauschild gesteckt – die Europäer haben das natürlich bemerkt, lassen die Fahne aber hängen.

Oder im Fall der Straßennamen: Ohne Absprache mit der Administration hat die kroatische Führung auf ihrer Seite viele Straßen umbenannt und damit die von Koschnick angeregte gemeinsame Kommission mit dem Osten zur Findung neuer Namen boykottiert. Die Administration nimmt es hin, schreibt aber weiter die alten Namen. Im Vorzimmer von Koschnicks Büro hängt nun eine Liste mit den alten und den neuen Namen; denn vorerst finden sich sogar West-Mostarer schlecht zurecht. Einige Mitarbeiter der Administration beklagen, daß die EU immer noch an ihrem Ziel der Vereinigung der Stadt festhält, »obwohl doch klar ist, daß wir es nicht erreichen können. Wir sollten Europa die Wahrheit sagen.« Koschnick hält dagegen: »Ohne die Zusammenführung der Menschen ist die Wiederaufbauhilfe ungerecht, denn genau dafür gibt es doch die EU-Gelder, die andere Städte auch gebrauchen könnten.«

Manchmal muß man die Mitarbeiter der Administration direkt auf die Fortschritte hinweisen, die sie im Alltagstrott nicht mehr wahrnehmen. Die deutlichste Veränderung wird bei Einbruch der Dunkelheit sichtbar: Ganz Ost-Mostar und auch der Westen der Stadt sind nun mit Strom versorgt – noch vor wenigen Monaten saßen fast alle Muslime an den Abenden bei Kerzenlicht. Es bedeutet auch mehr Sicherheit: Im Westen Mostars galten einige Straßen wegen der schwachen Beleuchtung als gefährlich. Vor Ausflügen in die »Twilight-Zone«, die zwielichtige Gegend, wurde gewarnt.

In ihrem Wohn-Container hat die Familie von Mujo, die aus dem Westen vertrieben worden war, einen Fernseher und ein kleines Radio in Betrieb. »Ja, das ist neu«, sagt Mujo. »Wir haben einen Fernseher. Aber wir haben immer noch nicht unsere Wohnung wieder.« Im November hatte Mujo sich darüber gefreut, vom stickigen Flüchtlingshaus in den Container ziehen zu können, und hoffte sehr, seine Wohnung bald zurückzubekommen. Nun kann er wieder von kleinen Fortschritten berichten. Im Auftrag der EU-Administration wurde seine Vertreibung zu Protokoll genommen, sie ist jetzt immerhin amtlich. Und Verica, seine Frau, berichtet, daß sie seit ein paar Wochen für ihre Arbeit in einem städtischen Labor einhundert Mark im Monat erhält. Und doch ist die Stimmung in der Familie eher niedergeschlagen.

»Es fallen wieder Granaten, sie fliegen hier über uns hinweg.« Verica zieht die Schultern hoch und hebt die Hände. »Wenn es losgeht, rennen wir über das ganze Gelände zum einzigen festen Haus. Sie fliegen wirklich direkt über unseren Container.«

Der zu Weihnachten von Jimmy Carter vermittelte Waffenstillstand für Bosnien-Herzegowina läuft aus, und die Menschen in Mostar spüren, daß die Lage wieder unsicherer wird. Es ist zwar an den meisten Tagen ruhig, aber Ende März schlugen unvermittelt drei serbische Geschosse in der Innenstadt ein, und auf die Vororte wird häufiger geschossen. Die Furcht ist groß, daß es wieder täglich zu Anschlägen kommen könnte. »Jeder weiß, wie es ist«, sagt Verica, »wenn die bosnische Armee irgendwo gegen die Serben Erfolge hat, werden wir hier die Antwort zu spüren bekommen.«

Zugleich beunruhigt es die Familie, daß von manchen in Ost-Mostar wieder vermehrt unangenehme Zwischentöne zu hören sind: »Ja, die Kinder werden immer wieder als Tschetniks bezeichnet, weil ich Serbin bin. Und manche Nachbarn machen böse Bemerkungen. Wir wollen uns nicht darum kümmern – aber es ist wirklich nicht schön.« Wieder fragen die beiden Eltern, wie ihre Zukunftsaussichten eingeschätzt werden. »Was denken Sie? Können wir bald in unsere Wohnung zurück?« Aber sie geben selbst die Antwort: »Vielleicht wird es nie etwas.« Und dann erzählen sie zum ersten Mal, daß sie ins Ausland gehen wollen. Vericas Bruder lebt in Schweden. »Das wollen wir jetzt versuchen. Wir können nicht viel länger warten.«

Obwohl beide Seiten offiziell Toleranz gegenüber den Serben predigen, haben es die Serben in der Stadt nicht leicht. In West-Mostar, wo die Mehrzahl der verbliebenen Serben lebt (etwa zweitausend), gibt es nach den Worten ihres Verbandssprechers für sie keine Probleme. Aber es gibt Serben, die in diesem Sprecher eine Marionette der Kroaten sehen und sich von ihm nicht vertreten fühlen. Bei der Stadtverwaltung und auch bei der EU-Administration haben sich einige gemeldet, die während des Krieges aus Ost-Mostar geflohen sind, vielleicht auch vertrieben wurden, und nun gern zurückwollen.

»Ich habe viele Briefe bekommen, aus Belgrad, aus Nevesinje und anderswo. Die Leute rufen mich an, weil sie zurückwollen.« Mehmed Jahic bestreitet, daß Serben aus Ost-Mostar vertrieben wurden. »Wer gegangen ist, ist freiwillig gegangen. Viele von denen haben nichts verbrochen. Die sind im Prinzip willkommen – aber sie können erst kommen, wenn ihre Wohnungen und Häuser wieder frei sind. Viele Leute hier leben im Keller – die Opfer der Vertreibungen!« Jahic betont, daß er sich gegen jede Diskriminierung einsetze. »Ich wende mich dagegen, Begriffe wie Tschetnik für alle Serben zu verwenden. Aber nach einem Genozid gibt es leider nicht mehr viel Toleranz. Wie soll eine bosnische Frau, die ihren Mann oder ihren Sohn verloren hat, noch Toleranz üben? Aber Bosnien muß multiethnisch bleiben!«

Langsam wird das Wetter besser in Mostar, und auf der »Avenija« im Westen, die sie »Los Angeles« nennen, aber auch rund um die Ruinen im Ost-Mostarer Altstadtviertel

4

haben die Cafébesitzer die Stühle herausgestellt. Auf seiner Seite der alten Brücke ist der alte Safa längst nicht mehr allein. Zwei Galerien und Restaurants haben in seiner Gasse eröffnet, ein kleiner Zeitungskiosk und auch ein Friseur. »Ja, die Leute wollen wieder etwas machen. Sie wollen ihre Läden öffnen und Geld verdienen«, sagt der Alte. »Am liebsten möchte sich keiner mehr um den Krieg kümmern. Aber er ist noch nicht zu Ende.« Einige Schritte von seinem Stand entfernt liegt das Restaurant Taurus, einer der Treffpunkte für die Mitarbeiter von Hilfsorganisationen und manche EU-Leute. Daß zahlungskräftige Ausländer kommen, läßt sich mittlerweile an den Preisen ablesen, die genauso hoch sind wie in westeuropäischen Restaurants und damit für fast alle Mostarer unbezahlbar. Doch die hohen Preise sollen nicht nur in der Geschäftstüchtigkeit der Besitzer begründet sein, »die haben hier fast hundert Prozent Kriegssteuer auf den Preisen«, sagt ein deutscher Stammgast.

Fast alles in diesem Viertel liegt in Trümmern. Die alte Brücke ist zerstört, an ihrer Stelle steht nicht mehr die wacklige, angsteinflößende Hängebrücke aus ein paar Seilen und Holz. Die neue weißlackierte provisorische Fußgängerbrücke, die von den spanischen Blauhelmsoldaten errichtet wurde, ist weitaus robuster – aber gänzlich unromantisch. Und doch trifft ein Spaziergänger an den Abenden zwischen den Ruinen auf viele andere Spaziergänger. Da hocken junge Paare auf Mauervorsprüngen an der Kujundziluk, der alten Handwerkergasse, da ist das Areal hinter den zerschossenen Brückentürmen wieder zum Treffpunkt von Jugendcliquen geworden – aber solange die Grenze zwischen den Stadthälften geschlossen ist, freilich nur für jene aus dem Osten.

Kapitel 14

Hans Koschnick: Ein kleiner, aber wichtiger Durchbruch

April 1995

Ich habe inzwischen gelernt, bei Unterschriften und Zusagen von Verhandlungspartnern gehörig mißtrauisch zu sein. Wenn eine Seite ein Abkommen unterzeichnet, muß das noch lange nicht bedeuten, daß sie es auch umsetzen wird. Solche Erfahrungen haben wir seit dem Juli 1994 wirklich genug gemacht. Aber jetzt haben wir einen großen Schritt nach vorn getan – ich bin ganz zuversichtlich, was die Chancen der Zusammenführung der Stadt angeht.

Wieder einmal dreht es sich um die Polizeifrage, in der wir Anfang April einen kleinen Durchbruch erreicht haben: Die kroatische Führung hier in Mostar hat sich zur Teilnahme an der ersten Stufe der Einführung einer gemeinsamen Polizei bereit erklärt – die muslimische Ostseite war dazu ja schon lange bereit. Wenn in den nächsten Wochen tatsächlich alles entsprechend umgesetzt wird, können wir nun die gemeinsame Einsatzzentrale unter Führung der WEU-Polizei wirklich aufbauen. Wir haben damit eine Kluft aufgebrochen, wie sie stärker nicht hätte sein können. Das ist für mich ein Anlaß zu sagen, es lohnt sich doch hierzubleiben – wenn die kroatische Seite den nächsten Schritt mitgeht.

Es ist vorgesehen, daß die Polizisten beider Seiten sich künftig in dieser Kooperationszentrale begegnen. Sie sol-

Spanischer Blauhelmsoldat an der Demarkationslinie

Händler im Basar-Viertel nahe der stari most

len dadurch Bescheid wissen, was die jeweils andere Seite tut, und grenzüberschreitende Aufgaben koordinieren. Das ist schon deshalb wichtig, weil sich die Unterwelt längst vereint hat – die Schieber, Schmuggler und andere arbeiten zwischen Ost und West zusammen, das können unsere WEU-Polizisten bestätigen. Dagegen können die Kroaten und Muslime nur auf die Kooperation ihrer Polizei setzen. Es hilft nicht weiter, auf seine nationale, kulturelle Eigenständigkeit zu pochen, wenn die Kriminellen schon lange grenzüberschreitend arbeiten. Ich denke, allmählich sehen die Politiker hier ein, daß sie dringend etwas gegen den Waffenhandel, die Autoschiebereien und anderen Schmuggel unternehmen müssen.

In der ersten Phase sollen die Kroaten und Muslime noch nicht zusammen Streife gehen. Vielmehr werden jeweils die Vertreter einer Volksgruppe auf ihrer Seite der Demarkationslinie zusammen mit der Polizei der Westeuropäischen Union den Streifendienst tun. Damit besteht weiter eine deutliche Abgrenzung, und die kroatische Seite hat nicht das Gefühl, von ihrer Linie abgewichen zu sein.

Im Prinzip machen wir es wie in New York: Dort wird in der Bronx auch eine Polizei eingesetzt, die in diesem Stadtteil heimisch ist, von den Bewohnern angenommen wird und sich nicht fremd fühlt, während in Queens wiederum andere Polizisten Streife gehen.

Auf diese Weise werden hier in Mostar die Stadtbezirke weiter klar abgegrenzt sein. Das war damals, als wir hier ankamen, gewiß anders geplant. Aber nun denke ich, daß dies für die erste Zeit eine passable Lösung sein kann, denn es erlaubt gemeinsame Aktionen zur Bekämpfung der organisierten Kriminalität – eben wie in New York.

Ich habe vorerst nur einen Vertrag, der noch umgesetzt werden muß. Als nächstes brauchen wir den Namen einer Person, die von den Kroaten – genauso wie von den Muslimen – benannt werden muß und dann als ihr erster Mann in dieser Einsatzzentrale arbeiten soll. Dieser Polizist muß dann auch wirklich bereit sein mitzuarbeiten. Er soll als stellvertretender Polizeichef die Strukturen der Mostarer Polizei in Zusammenarbeit mit unserem WEU-Polizeichef reformieren – auf der bosnisch-muslimischen Seite wird es ein Pendant geben. Der Polizist aus dem Westen soll also mit einem entsprechenden Mann aus dem Osten übergeordnete Polizeifragen koordinieren. Bisher hatten wir ja immer Probleme, in der Polizeifrage überhaupt kompetente Ansprechpartner zu finden. Da muß sich nun sofort etwas ändern.

Mit dieser Einsatzzentrale haben wir zwar immer noch keine gemeinsame Polizei; aber es ist ein erheblicher Schritt nach vorn, weil die kroatische Seite damit signalisiert hat, daß sie grundsätzlich zur Zusammenarbeit in dieser wichtigsten Frage bereit ist. Die Botschaft von Bürgermeister Brajkovic und seinen Kollegen lautet: Wir wollen, aber wir brauchen mehr Zeit.

Ich kann nicht ausschließen, daß sich morgen wieder einer querlegt und versucht, die Unterschriften seiner Führung zu ignorieren. Aber diesmal rechne ich damit eigentlich nicht. Das hat mit der Vorgeschichte dieses Abkommens zu tun. Vor wenigen Tagen bin ich mit den beiden Mostarer Bürgermeistern aus Washington zurückgekehrt. Dort traf man sich, um anläßlich des einjährigen Jubiläums des Washingtoner Abkommens über die Föderation von Bosniern und Kroaten die Zukunftsperspektiven dieses Zusammenschlusses zu diskutieren.

Schon vor der Reise hatte ich die kroatischen Politiker hier darauf hingewiesen, daß man in Europa und in Washington ihr Verhalten beobachtet. Ich habe ihnen gesagt: Hier geht es nicht nur um Mostar, sondern um die ganze Föderation, an deren Gelingen die Amerikaner und die EU großes Interesse haben. Besonders während der harten, mitunter wegen der ständigen Blockaden frustrierenden Auseinandersetzungen über die Öffnung der Grenzen in der Stadt habe ich den Kroaten immer wieder erklärt: Ihr werdet erstaunt sein, wenn ihr nach Amerika kommt, wie sehr man auf euch schaut. Eure Führungskräfte, also die Bürgermeister, werden sich in Amerika über das starke Interesse von Präsident Clinton wundern. Sie haben geantwortet, daß das Unsinn sei. »Wir sind doch nicht so bedeutend, wir sind ein europäischer Flecken, wir machen unsere Sache allein.«

Nach ihrer Rückkehr mußten die Bürgermeister ihren Leuten hier berichten, wie Präsident Clinton sich geäußert hat. Sie mußten ihnen mitteilen, daß Amerika daran interessiert ist, daß das Projekt in Mostar funktioniert, daß Präsident Clinton den Präsidenten und Vizepräsidenten der Föderation gesagt hat: Wenn ihr das nicht schafft, werden wir unser Engagement für euch einstellen, wenn das Projekt aber gelingt, werden wir unseren Einsatz verdoppeln. Das war – in dieser Eindeutigkeit – auch für mich überraschend. Die Amerikaner haben sich übrigens auch in der Polizeifrage für Mostar sehr engagiert. Und das war keine einmalige Sache: Ich erhalte jetzt Anrufe aus Washington, ob alles wie geplant und von den Kroaten zugesagt vorangeht.

In Washington habe ich mich sehr bemüht, die beiden Seiten im Licht der Weltöffentlichkeit nicht an den Pranger zu stellen. Die Muslime haben mir deshalb intern vorgeworfen, ich sei zu zaghaft gewesen, ich hätte die Blockadehaltung der kroatischen Seite deutlich herausstellen sollen. Aber ich konnte darauf verweisen, daß die Kroaten mir versprochen hatten, daß wir das Polizeiproblem lösen könnten, wenn wir nach Hause kämen. Und damit fangen wir jetzt an.

Die nächsten Schwierigkeiten werden kommen, wir werden eventuell bald wieder an einem Punkt sein, wo es so aussieht, als ginge nichts mehr weiter. Doch dann muß man eben Zähigkeit zeigen – so wie in diesem Fall.

Wichtig ist dabei auch, daß die kroatische Republik wieder gemerkt haben dürfte, wie bedeutend ein Gelingen dieses Projekts auch für ihr Ansehen ist. Zagreb hat ein strategisches Interesse daran, daß die Föderation funktioniert, denn es will in Europa nicht isoliert werden – es wird uns also in schwierigen Fällen helfen. Gegebenenfalls müssen wir dafür sorgen, daß die kroatische Regierung an ihre entsprechenden Zusagen erinnert wird – von unseren eigenen Auftraggebern: der Europäischen Union. Aber auch hier darf man sich nicht eine einfache Befehlsschiene vorstellen: Zwar hat Zagreb durchaus starken Einfluß auf die kroatische Führung der Herzegowina. Dennoch darf ich nicht versuchen, alle Probleme, die wir hier haben, über Zagreb zu lösen. Denn ich muß mit den Leuten hier zusammenarbeiten, sie müssen die Reformen konkret umsetzen. Und wir haben bereits Erfahrung damit, daß sie genug Spielraum haben, um manches in der Alltagsarbeit zu blockieren, selbst wenn sie auf Druck aus Zagreb zunächst Kooperation zugesagt haben. Notfalls stellen sie sich einfach in einer anderen Frage quer – und das kann ich nicht wollen. Deshalb ist es sehr wichtig, daß die kroatische Führung in Mostar weiß, daß ich sie weiter ernst nehme.

Aber ich erwarte von ihnen jetzt ein Umdenken: Es war für sie eine wichtige Erfahrung, daß Mostar eben nicht nur ein kleines, lokales Projekt ist, sondern daß es dabei um wesentlich mehr geht. Ich setze darauf, daß sie das nicht so schnell vergessen. Zudem haben beide Seiten sich in Amerika austauschen können und vielleicht gemerkt, daß sie doch viel mehr Gemeinsamkeiten haben, als sie es bei Gesprächen in der Stadt zugeben wollen. Deshalb erwarte ich, daß das dritte halbe Jahr für die Administration erfolgreicher werden wird.

Ich erhoffe mir das auch deshalb, weil die Mostarer nun langsam die Früchte unserer Arbeit sehen können. Sei es, daß wir die ersten Schulen und Kindergärten eröffnet haben; sei es, daß sie sich einfach wieder sicherer fühlen. Sie stellen fest, daß sich während der Zeit, in der wir jetzt hier sind, das Klima in der Stadt entspannt hat. Auch die WEU-Polizei trägt dazu bei, selbst wenn sie keine Straftaten verfolgt. Allein ihre Anwesenheit vermittelt den Menschen eine gewisse Sicherheit, daß zumindest nicht mehr das Allerschlimmste passieren kann. Das erfahre ich aus all den Gesprächen, die ich in der Stadt führe. Viele Mostarer sagen mir: »Bitte bleibt, geht nicht weg! Solange ihr hier seid, wird nicht geschossen.« Die Leute wissen also, daß wir Ruhe bringen. Die meisten wissen zwar auch, daß wir nichts gegen Angriffe der Serben machen können. Aber die sind auch nicht ihre Hauptsorge. Die größte Angst der Menschen in der Stadt ist, daß es zwischen Ost und West, also Muslimen und Kroaten, wieder losgehen könnte. Und da empfinden sie uns als Vermittler, als eine Kraft, die Konflikte dämpfen und abfedern kann.

Ich erhalte immer mehr Einladungen von Mostarern, die mich fragen, ob ich nicht zu ihnen kommen kann, zum Beispiel am Wochenende zum Essen – und zwar nicht unbedingt nur von Vereinen, sondern auch von Familien, einfach von privaten Personen. Auch meine Kollegen von der Administration werden eingeladen. Wann immer wir können, nehmen wir solche Einladungen an. Noch kommen deutlich mehr Einladungen von der muslimischen Seite als von der kroatischen, aber es gibt sie von beiden Seiten. Die Tendenz, uns als Eindringlinge zu empfinden, nimmt ab.

Auch bei Schuleröffnungen und anderen öffentlichen Anlässen merke ich, daß die Leute in uns mittlerweile Ansprechpartner sehen, die versuchen, auf ihrer Seite zu stehen. Da werde ich dann gefragt, ob sie mich nicht einmal besuchen können – nicht selten von Leuten, die in Deutschland gelebt haben. Nun wollen sie mich unterstützen, ohne ein konkretes Anliegen. »Ich kenne meine Stadt, und davon will ich Ihnen gern erzählen«, sagen sie. Solche persönlichen Gespräche, bei denen es gar nicht um Forderungen oder Bitten an die Stadt geht, finden immer häufiger statt.

Bei diesen Eröffnungsfeiern stört es mich auch nicht, daß besonders die kroatische Seite sehr darum bemüht ist, ihre nationalen Symbole zur Schau zu stellen. Die kroatische Hymne hat eine schöne Melodie, und es ist selbstverständlich, Respekt vor der Kultur einer Nation zu bezeugen. Die Menschen sind hier im Moment sehr national eingestellt – das ist doch keine Überraschung in einer solchen Situation. Das kann ich alles mit Gelassenheit ertragen – auch wenn mein ganz persönlicher Bedarf an Zurschaustellung von nationalen Symbolen seit 1945 voll gedeckt ist. Ich mußte in meiner Jugend hinter zu vielen Fahnen hermarschieren und dazu auch noch singen »Die Fahne ist mehr als der Tod« – und wir haben erst später gelernt, was das bedeutete in der letzten Konsequenz. Das hat mich doch sehr geprägt, so etwas macht empfindlich.

Ich versuche also, den Mostarern deutlich zu machen, daß ich durchaus Respekt vor ihrer Nationalität und damit vor ihren Symbolen habe; aber auch, daß fünfzig Nationalflaggen mehr kulturelle Identität zulassen als eine. Sie sollen ruhig sehen, daß solche Feiern auch anders begangen werden können und daß man Schulen durchaus mit weniger Pathos und etwas mehr Gelassenheit eröffnen kann. Ich mag es einfach nicht, wenn Kinder öffentlich einen Schwur ablegen müssen, daß sie nie Wände beschmieren und auch sonst alle Regeln beachten werden. Das ist so steif und gegen die Natur der Kinder. Wenn die Kinder gegen Regeln verstoßen, kann ich immer noch pädagogisch reagieren. Aber bei solchen Feiern soll man ihnen keine derartigen Bekenntnisse abverlangen, die Zeit totalitärer Regime, die das forderten, ist doch hoffentlich vorbei …

Bei den privaten Einladungen werden mir viele persönliche Geschichten erzählt, und darüber erfahre ich wiederum vieles über die Geschichte der Stadt. Man darf wirklich nie vergessen, wie sehr das Empfinden eines jeden einzelnen von seinen persönlichen Erfahrungen und denen seiner Familie geprägt ist. Das gilt selbstverständlich auch dann, wenn alle anderen ganz andere Erfahrungen gemacht haben: Wenn eine Frau ihren Mann verloren hat, hat sie sein Bild vor Augen, unabhängig von der Frage, für welche Ziele und in wessen Auftrag er gekämpft hat.

Und das Recht auf diese Trauer darf ihr niemand streitig machen.

Bei diesen Gesprächen höre ich auch Kritik an den Stadtoberen. So etwas zu äußern trauen sich die Leute hier nicht außerhalb der eigenen vier Wände. In öffentlichen Gesprächen, auf der Straße zum Beispiel, gibt es so gut wie keine Bemerkungen, die kritisch gegen die eigenen Leute sind. Nur im privaten Kreis höre ich, wo die Stadtverwaltung ihren eigenen Leuten das Leben schwermacht. Ich erfahre auf diese Weise, wo wir dringend mit Baumaterial aushelfen müssen, weil jemand vielleicht von der eigenen Verwaltung kaltgestellt wird, und selbstverständlich lerne ich dabei die konkreten Lebensbedingungen der Menschen besser kennen.

Kaum einer hat Mut, sich offen zu äußern. Das liegt auch daran, daß die Menschen bittere Erfahrungen gemacht haben; vor allem einige Serben, die in der Stadt geblieben sind. Es gibt offizielle serbische Sprecher, die an unseren Sitzungen teilnehmen. Sie sind allerdings auf die Duldung der einzigen bestehenden Parteien, der kroatischen HDZ und der muslimischen SDA, angewiesen; sie wurden im Prinzip von diesen Parteien nominiert. Nun gibt es Serben, die sagen, daß diese Leute nicht alle von ihnen repräsentieren, besonders an einem haben sie Zweifel. Aber wenn ich dann frage, wer denn ihr Repräsentant sei, können sie niemanden benennen. Die offiziellen Vertreter sind tatsächlich in einer schwierigen Situation: Sie bekommen sicherlich den Druck der hiesigen Machthaber zu spüren und werden zugleich von manchen Angehörigen ihrer Volksgruppe als Kollaborateure bezeichnet.

Offene Kritik an der Administration höre ich übrigens selten – was nicht heißen soll, daß es keine Enttäuschungen gibt. Sie wird eben nur nicht im direkten Gespräch vorgebracht. Dagegen mußte ich gerade in den letzten Wochen gegenüber einigen Mitarbeitern deutliche Kritik üben. Es gibt ein paar Bereiche beim Wiederaufbau, in denen wir nicht so vorangekommen sind, wie ich es mir gewünscht hätte. Da haben sich manche vielleicht zu lange damit aufgehalten, Pläne zu machen und ihre Bedenken zu wägen. Da dränge ich dann schon einmal: Wo sind die konkreten, vorzeigbaren Ergebnisse, auf die in der Stadt gewartet wird? Hört auf damit, nur zu beraten! – Aber das betrifft, wie gesagt, wenige Bereiche. In anderen sind die Fortschritte für alle sichtbar.

Schlimmer ist aus meiner Sicht, wenn Mitarbeiter meinen, sich vom Grundkonsens unseres Einsatzes verabschieden zu müssen. Immer wieder muß ich daran erinnern, daß wir hier sind, um die Stadt zu befrieden und wieder zusammenzuführen. Alles andere ist nur Mittel zum Zweck. Da gibt es nun einige, die meinen, es sei besser, beide Hälften getrennt wiederaufzubauen, wenn die hiesigen Politiker es so wollen. In diesen Fällen beziehe ich eine klare Position: Wer Mostar in zwei Teilen akzeptieren will, kann gehen. Mit dieser Haltung gibt er seine Arbeit hier auf. Auch jenen muß ich immer wieder entgegentreten, die klagen, weil nichts weitergeht, und die deshalb aufgeben wollen. Da demonstriere ich dann Zweckoptimismus und zeige mich zuversichtlich, auch wenn die Aussichten in einer Angelegenheit gar nicht so gut stehen. Wenn immer nur für das, was auf den ersten Blick möglich erscheint, gestritten würde, könnten wir hier einpacken.

Im Moment sorgen sich die Mostarer sehr über das Ende des Waffenstillstands. Auch ich bin beunruhigt, weil sich nicht absehen läßt, wie es weitergeht, und durchaus Gefahren für die Stadt bestehen. Andererseits lehne ich es ab, ständig von den schlimmstmöglichen Fällen auszugehen. Wer jetzt Panik verbreitet, geht den falschen Weg. Auch wenn hin und wieder auf die Stadt geschossen wird, müssen wir weitermachen, solange die Lage das erlaubt.

Ich versuche selbstverständlich herauszubekommen, was uns hier bevorstehen könnte, und erfahre auch sehr viel. Meist weiß ich es vorher, wenn die Muslime eine Offensive planen, und kann dann damit kalkulieren, daß die Serben ihre Drohung wahrmachen könnten, in einem solchen Fall die Stadt Mostar zu beschießen. Solche Dinge erfahre ich in der Regel nicht von denen, die daran beteiligt sind: Sie kündigen mir ihre Offensiven nicht an, und das ist auch besser so, weil ich sonst in den Augen der anderen Parteien in eine zu große Nähe zu einer Seite gerückt werden könnte. Die militärischen Führungskräfte wären auch närrisch, wenn sie ihre Konzepte mit mir diskutierten.

Ich erfahre solche Pläne eher von der jeweils anderen Seite. Am Rande von Gesprächen wird angedeutet: Sieh mal, die haben da bald etwas vor. – Sowohl die Kroaten wie die Muslime haben durchaus gute Kontakte zu den Serben, die wissen oft sehr genau, was passieren wird. Auch untereinander sind sie meist über ihre jeweiligen Pläne auf dem laufenden. Es ist gut zu wissen, was passieren könnte – aber ich will nicht darin eingebunden werden. Auch die serbische Seite muß sicher sein, daß wir neutral sind und ich die Demilitarisierung der Stadt sehr ernst nehme. Ich kann nicht Partei ergreifen. Ich muß sehr darauf bedacht sein, daß die serbische Seite keinen Anlaß hat, Mostar in ihre militärische Konzeption einzubeziehen.

Kapitel 15

Jens Schneider: Polako, polako – langsam, sehr langsam

Ende Juli 1995

Wenn Mujo über die Granaten spricht, zieht er seinen Kopf tief zwischen die Schultern, als müsse er sofort in Deckung gehen. »Wir wohnen genau in der Schußbahn der Serben, und der Weg zum Keller ist weit. Hundert Meter. Und du weißt nie, wann sie schießen. Das bedeutet ständige Angst.« Er zieht die Schultern noch weiter zusammen, gekrümmt sitzt er auf dem Hocker im stickigen Container. »Ich frage mich immer nur, wann die Granaten kommen. Ich bin ständig nervös, habe keine ruhige Minute mehr!« Schon im April erzählte seine Frau Verica, wie sie und die anderen Familien aus der Containersiedlung Konak an manchen Tagen rennen mußten, um sich zumindest vor einer möglichen zweiten Granate in Sicherheit zu bringen, wenn die erste gefallen war. »Die zweite Granate verletzt fast nie jemanden«, sagen sie in Mostar, »denn durch die erste sind alle gewarnt und suchen Unterschlupf.«

Anfang April fielen aber nur selten Granaten, einmal in der Woche vielleicht. Und die meisten schlugen außerhalb Mostars, in den Dörfern ein. Aber jetzt im Sommer schießen die Serben fast täglich in die Innenstadt, manchmal nachts, dann wieder am frühen Morgen oder – wie am 22. Juli – kurz vor Mittag: Die Granate schlägt an diesem Tag bei einem Haus an der Neretva ein und tötet eine Arbeiterin. Erst hinterher können die Ost-Mostarer Behörden die Alarmsirenen aufheulen lassen, und die Polizei fährt die Straßen ab und drängt alle in die Häuser. Am Fluß sammelt sie die spielenden Kinder ein und ruft die Schwimmer aus dem Wasser. »Ich kann nicht verstehen, wieso die Eltern ihre Kinder dort spielen lassen. Das ist unverantwortlich«, sagt eine junge Muslimin nach dem Alarm. »Ich gehe fast gar nicht mehr aus dem Haus, wenn ich von der Arbeit zurück bin. An Wochenenden bleibe ich meistens in Deckung, bis ich wieder hinaus muß, um zu arbeiten.«

Der Lärm, den die Granaten verursachen, ist furchterregend; manche sagen, die Serben würden die Granaten so präparieren, daß sie im Flug besonders bedrohlich aufheulen. Wenn eine Granate gefallen ist, können selbst kleine Kinder genau einschätzen, wie weit entfernt sie niedergegangen ist. Mit jeder Granate scheint auch die Erinnerung zurückzukommen an das, was man schon einmal durchgestanden hat. Und nicht wenige halten nun eine kommende Eskalation für gewiß. »Wie soll es mir schon gehen? Die Tschetniks schießen wieder Granaten. Gleich neben unserem Haus ist eine niedergegangen. Es hätte uns treffen können!« Adela, die junge Studentin aus Stolac, fürchtet, daß es in den nächsten Monaten noch schlimmer werden könnte. »Aber dann gehe ich, ich habe die Papiere vorsorglich zusammengesucht. Ich kann das nicht noch einmal durchstehen. Dazu bin ich zu schwach.« Sie wendet sich an ihre Freundin Ermisa. »Wenn ihr das aushaltet, bleibt! Ich verlasse meine Heimat nicht gern. Ganz besonders nicht, weil ich bei denen um Hilfe bitten müßte, die uns hier im Stich gelassen haben. Dort müßte ich vielleicht als Putzfrau arbeiten oder einen anderen einfachen Job machen. Meine ganze Bildung wäre nichts wert. Aber bleiben kann ich nicht, wenn es wieder losgeht – ich kann mich nicht, wie damals im Winter, noch einmal von Gras ernähren!«

Viele Mostarer sind den Granaten vollkommen schutzlos ausgeliefert: In einer Containersiedlung in Blagaj, am Stadtrand von Mostar, haben die Erwachsenen zwischen den Blechkästen, in denen sie wohnen, ein Loch gegraben. Sobald Granaten fallen, schicken sie die kleinen Kinder hinein, damit sie nicht von Schrapnellen getroffen werden können. Wirklichen Schutz bieten die Gruben nicht. Ratlos blicken die Menschen in Ost-Mostar auf die Berge hinter ihnen und versuchen eine Logik zu erkennen. Was führen die Serben dort im Schilde?

Aber es ist nichts zu erkennen in den karstigen, unbelebten Berghängen. Klaus Metscher, der diplomatische Berater von Hans Koschnick, hat nach vielen vergeblichen Versuchen, Kontakt zu den Serben hinter den Bergen aufzunehmen, einen Besuch bei der bosnisch-serbischen Führung in Pale bei Sarajewo arrangieren können. Doch die Gespräche mit der Führung der bosnischen Serben haben Hans Koschnick wenig gebracht. »Sie haben nichts über ihre Ziele gesagt. Ihr sogenannter Außenminister hat nur gefragt, wie es den Serben in Mostar geht, mehr nicht.«

Weil keiner weiß, was bevorsteht, sprudeln die Gerüchte. Fast jeder hat etwas gehört oder zumindest eine Ahnung – und wer eine Vermutung aus zwei verschiedenen Quellen hört, hält sie fast für die Wahrheit. Es wird an den verheerenden Nachrichten aus dem restlichen Bosnien liegen, daß kaum jemand die Fortschritte sieht, sie bestenfalls am Rande erwähnt. »Ja, Koschnick hat viel erreicht, aber gegen die Waffen kann er nichts machen«, heißt es oft.

»Erst war Srebrenica dran, dann Zepa, nun kommt Mostar! Radovan Karadzic hat das angekündigt!« Halil, der Vorarbeiter vom THW-Bauhof, will es so gelesen oder gehört haben, irgendwo. Auch den anderen, mit denen er beim Abendessen zusammensitzt, ist die fürchterliche Drohung bekannt – und diese Übereinstimmung hinterläßt bei allen ein mulmiges Gefühl. Nur einer wirft ein, daß er eine Drohung gegen Mostar von Karadzic noch nie gehört hat. »Außerdem hat der schon so viel gesagt. Wir sollten uns nicht verrückt machen lassen.« Es sei ja auch nur eines von vielen Gerüchten.

Hinter den Trümmern der alten Brücke sitzt der alte Safa fast genau wie vor einem Jahr. Er trägt wie damals, als Koschnick sein Amt übernahm, wieder nur seine blaue Pluderhose und den roten Fez. Ein bißchen dicker ist er geworden, seine Haare und der graue Bart zotteliger. Er hockt auf einer Bank im Schatten und trinkt Dosenbier. »Wie es mir geht? Mir geht es wie Bosnien«, sagt er. Er schweigt. Hat er nicht alles gesagt?
»Es geht dir von Mal zu Mal schlechter, Safa!«
»Ja, alle Hoffnung ist gegangen.«
Den ganzen Tag über sitzt der Alte in seinem Trödelladen, aber es kommen selten Besucher und immer weniger Kunden. »Anfangs war unser Elend für die Ausländer interessant. Jetzt gibt es nichts Neues mehr, ich habe nichts mehr zu erzählen.« Internationale Helfer haben in den ersten Monaten täglich bei ihm haltgemacht, schon allein, weil er so viele verschiedene Sprachen spricht, also für jeden auch ohne Dolmetscher ein Gesprächspartner sein konnte. Und er ist nie beschäftigt oder gar in Eile; es scheint auch nichts zu geben, wovon ein Besucher ihn

abhalten könnte. Der Fremde kann sich zu ihm setzen, ein Bier ausgeben und erzählen oder Fragen stellen.

Die Besucher hatten ihren Spaß, wenn er unvermittelt akzentfrei Goethe rezitierte. Und sie konnten ihn gut verstehen, wenn er ankündigte, nur noch zu Kindern sprechen zu wollen. »Sie sind als einzige frei, die Wahrheit zu begreifen. Ich möchte ein Buch für Kinder schreiben.« Und bevor die Besucher gingen, kauften sie noch einen kupfernen Armreifen oder eine kleine Zuckerdose. »Aber jetzt bekomme ich weniger Besuch«, klagt Safa. »Wir sind langweilig geworden. Es passiert nichts.« Er argwöhnt, die Besucher kämen nicht mehr, weil die Kroaten im Westteil ihnen abrieten. »Sie sagen: Geh nicht dorthin, die Muslime sind schmutzig.«

Ein junger Bosniak unterbricht das Gespräch und fragt, ob Safa ihm einen Lötkolben borgen kann. Der Alte wühlt hinten in seinem Laden in altem Krempel und zieht tatsächlich an einem Kabel einen rostigen Lötkolben hervor. Der Junge bedankt sich und zieht weiter. Dann ist wieder Ruhe, Safa raucht Zigaretten, die Asche schnippt er in einen großen Trichter, den Rest eines Projektils, das die Serben auf Mostar abgeschossen haben. »Ich sitze hier und denke nach, was passieren wird. Bald werden die Serben kommen und sich Ost-Mostar holen. Vielleicht in einem Monat, vielleicht später. Und ich frage mich, warum keiner sich darauf vorbereitet. Hans Koschnick sollte schon einmal vorsorgen, daß es einen Korridor gibt, damit wir alle hier weg können. Darüber sollte er mit den Kroaten verhandeln.«

Bald kommen die Serben – da ist es wieder, dieses zähe Gerücht, das sich halten wird, solange die Lage im Rest Bosniens sich weiter verschlechtert.

In diesen Tagen Ende Juli ist Hans Koschnick genau ein Jahr in der Stadt. Feiern will niemand, auch die Europäische Administration nicht. Dabei gibt es täglich kleine Fortschritte, die wegen der Granaten jedoch leicht übersehen werden – und weil die Stadt noch immer geteilt ist. Immer mehr Autos fahren herum, sie beliefern Läden und Baustellen, Volksküchen und auch kleine Betriebe, die wieder zu arbeiten begonnen haben. Vor dem zerschossenen Kaufhaus am Tito-Boulevard im Osten warten bereits drei Taxis auf Kunden. Weißgestrichene, moderne Linienbusse aus Deutschland verkehren nach einem Fahrplan immerhin so verläßlich, daß die Menschen es für lohnenswert halten, an den Haltestellen zu warten. Unzählige Cafés haben jetzt im Sommer eröffnet und werden gut besucht, auch wenn die Gäste sich meist nur einen Kaffee für eine Mark bestellen und Stunden sitzen bleiben. Im »Babylon« oder im »Teatar«-Café an der Neretva, unweit der alten Brücke, erinnert vieles an die Zeit vor dem Krieg. Einige Friseure konkurrieren miteinander, Boutiquen und Parfümerien, Blumenläden und Videotheken. Auch der Modellflieger-Club hat sich einen Laden hergerichtet und stellt ein paar kleine Segelflugzeuge aus.

Die Läden sind teurer als im Westen der Stadt: Drei Mark kostet eine Packung Kekse, eine Mark sechzig ein Schokoriegel und ein Sack Zement fünfzehn Mark. Fleisch können sich nur wenige leisten, es kostet soviel wie in Deutschland. Einige klagen, weil es im muslimischen Osten plötzlich kein Schweinefleisch mehr gibt. »Der Speck und der Schinken fehlen uns. Wir haben es früher immer gegessen und wollen es auch weiterhin. Wir trinken schließlich auch Alkohol.«

Noch immer sind die meisten im Osten ohne Arbeit, und

Lebensmittelverkauf in Ost-Mostar

Provisorische Hängebrücke über die Neretva als Ersatz für die frühere *stari most*

wer arbeitet, wird gar nicht oder mäßig bezahlt. Vierzig
Pfennig in der Stunde bekommen die Arbeiter auf
manchen Baustellen; wer für seine Arbeit – wie in einem
Café – fünfzehn Mark pro Tag erhält, kann als hochbezahlt
gelten. Die meisten anderen wären ohne Geldsendungen
aus dem Ausland mittellos. Immer größer wird die Schere
zwischen denen, die mit Geschäften Geld machen können,
und den Habenichtsen. Ebenso besteht eine Kluft zwischen den Flüchtlingen und Vertriebenen in den Notunterkünften und jenen, die in Mostar ihr Haus oder ihre
Wohnung haben, sie gar soweit instandgesetzt haben – oft
mit Hilfe des THW-Programms –, daß dort nichts mehr an
den Krieg erinnert.

Mujos Familie gehört nicht einmal zu den ganz Armen.
Verica bekommt immer noch hundert Mark im Monat für
ihre Arbeit als Laborantin. Das Geld ist schnell weg, wenn
sie mit den Verwandten im Ausland telefonieren, um sich
um ihre Ausreise zu bemühen. Ohne die Suppenküche
und Nahrungsmittelspenden kämen die vier nicht über die
Runden. »Aber es gibt immer weniger Hilfe für uns«, klagt
Mujo. »Der UNHCR verteilt nur noch die Hälfte von dem,
was wir früher erhalten haben.« Er zeigt eine Plastiktüte
mit einem Beutel Mehl, einer Flasche Öl und einer Tüte
Zucker. »Das ist alles für drei Monate. Wir werden nicht
auskommen.« Es sind die Folgen der »Bosnia-Fatigue«, der
Bosnien-Müdigkeit: Bei den Hilfsorganisationen gehen immer weniger Spenden ein, und viele Spender betonen
obendrein, daß ihr Geld auf keinen Fall für Bosnien gedacht ist. Einigen wichtigen Projekten in Mostar ist das
Geld ausgegangen: *War Child* hat von Hans Koschnick aus
Spendenmitteln mehrfach Unterstützung für seine Bäckerei erhalten, damit die Altenheime, Waisenhäuser und

Volksküchen weiter mit Brot versorgt werden können. Andere Hilfsorganisationen mußten ihr Engagement in Mostar drosseln, und Hamid Custovic von der Stadtverwaltung im Ostteil beschwert sich bereits: »Es kommt nicht mehr genug Hilfe in die Stadt.«

»Wirklich, es wird alles schlimmer«, sagt Mujo. »Ich habe keine Arbeit und den ganzen Tag nur Angst.« Diesmal spricht er nicht von seiner Wohnung drüben im Westen. Kein Wort von den teuren Möbeln und den Farbfernsehern, die selbst den Torwart Enver Maric neidisch gemacht hatten. Mitarbeiter der Europäischen Union haben ein Protokoll über die Vertreibung aufgenommen, aber Mujo ist mittlerweile erfahren genug, um zu wissen, daß ihm das nicht schnell helfen wird. Schweden heißt nun die einzige Hoffnung, dorthin, wo schon sein Schwager ist, will er mit der Familie. »Ich muß hier weg. Ich werde langsam verrückt.«

Verica kocht Kaffee auf einem elektrischen Mini-Herd mit nur einer Kochplatte; und Mujo zeigt seine Tomaten, die hinter dem Container hochgewachsen sind und nun geerntet werden können. Nein, obwohl er zum Nichtstun verdammt ist, hat er seine Hände nicht in den Schoß gelegt. »Aber ich will endlich wieder richtige Arbeit.« Auf dem Bett von Sanel liegt ein Gameboy, den er geschenkt bekommen hat, der Junge zappt durch die Programme des Schwarz-Weiß-Fernsehers im Container. Draußen spielt sein kleiner Bruder mit dem Wasserschlauch. Sanel zieht aus einem Karton einen Packen mit Fotos hervor. Eines nach dem andern reicht er zu den Erwachsenen hinauf. »So sah Papa vor dem Krieg aus.« Auf dem Bild sitzt Mujo-Mustafa bei der Arbeit in der Telefonzentrale und strahlt einen gewissen Stolz aus. Auf dem nächsten Foto ist Verica zu sehen, im feinen Abendkleid bei einer Feier im Labor. Dann die beiden Söhne in der Schule und der jüngere, wie er vom Direktor des Aluminiumkombinats bei einer Feier für die Kinder der Angestellten empfangen wird. Die letzten Fotos zeigen die Familie im Flur ihrer Wohnung, wo sie mit den Nachbarn zusammensitzen. Es fällt schwer, sich vorzustellen, daß einige der Bilder erst drei Jahre alt sind, zumal wenn man die Familie immer nur als Flüchtlinge gesehen hat seit dem zufälligen ersten Treffen im stickigen Theater an der Hauptstraße. »Wir werden schreiben, wenn wir in Schweden sind«, sagt Verica zum Abschied, »wer weiß, wann es soweit ist.«

Fünf Minuten sind es zu Fuß von Konak hinunter zur Marschall-Tito-Straße, der Hauptstraße des Ostens. In der Altstadt werden mit einem Flaschenzug Schiefertafeln nach oben gehievt, die Dachdecker nehmen Stück für Stück entgegen. An einem anderen Haus werden Löcher in der Fassade verputzt, daneben von einem Kleinlaster des THW Säcke mit Zement abgeladen. Weit über dreitausend Häuser und Wohnungen sind bereits mit Baumaterial beliefert worden, und wer von weiter oben auf die Stadt guckt, kann jede Woche neue frisch gedeckte Dächer ausmachen. Die Administration hat nun auch damit begonnen, einige wichtige öffentliche Gebäude restaurieren zu lassen, so wie das Stadtarchiv in der Nähe des Flusses.

Noch immer fehlen Wohnungen für die »Kellermenschen«, jene, die in feuchten Gewölben und Verschlägen wohnen. Hier scheint das Departement der Administration für Wiederaufbau nicht vorangekommen zu sein. Direkt beim früheren Volkstheater wohnen bis heute eine alte Frau und ein alter Mann im Keller. Auch sie waren von den Kroaten aus ihrem Haus vertrieben worden. Als Mujos Familie aus dem Keller in die Container zog, hatten sie sich geweigert mitzugehen. »Ein Jahr lang haben mich so viele Reporter gefilmt. Sie haben mir so viele Fragen gestellt.« Die alte Frau bittet um eine Zigarette, bevor sie weitererzählt. »Alle wollten meine Geschichte hören. Aber nichts hat sich geändert.« Auch sie lebt von der humanitären Hilfe und bekommt immer weniger. »Ich möchte Herrn Koschnick sehen! Er muß wissen, wie es hier aussieht. Können Sie ihn zu mir bringen?« – Inzwischen hat Koschnick sie besucht und hat sie aufgenommen in den Kreis der von ihm persönlich Betreuten.

Die Ungleichzeitigkeit der Entwicklung fällt auf, mit jedem Schritt stößt man auf Unterschiede: Hier leben die Leute im Keller zwischen Pappkartons, ein paar Meter weiter wird Fruchtsalat oder Pizza in einem Café serviert, das auch in der Berliner Szene seinen Platz hätte. Abends sitzen die jungen Leute bis zum Sonnenuntergang draußen. Dann ziehen die meisten nach Hause, der Dunkelheit trauen sie nicht. Wer länger bleibt, riskiert eine Nacht in der Zelle, denn ab einundzwanzig Uhr herrscht Ausgangssperre, und die Polizei hat schon viele für eine Nacht eingesperrt.

Auf manches Neue stößt man nur durch Zufall. Auf dem Westufer – aber noch im Ostteil – klingt kurz vor dem Checkpoint am Hitplatz von irgendwoher bosnische Rockmusik. Aber woher kommt diese Musik? Hier ist kein Gebäude ganz geblieben, und bisher wurde keines repariert. Nur wer in der Seitenstraße, der Santica, hinunter in den Keller einer der bizarr zerstörten Ruinen steigt, kommt zur Quelle der Musik. »Bitte säubert Eure Schuhe«, steht auf einem Schild im Kellereingang. Der Weg und auch die

Wände sind mit Teppichen ausgelegt. Hinter einer Tür üben ein Schlagzeuger, ein Keyboarder, ein Gitarrist und ein Sänger bosnische Rocksongs ein. Sie gehören zu Camarad, der traditionsreichen bosnischen Folkmusik-Gruppe. Mit Hilfe von Spendengeldern haben sie den Keller ausgestattet. Hier wird nicht nur geübt, auch Konzerte finden statt, und an den Wänden hängen Aquarelle von Mostarer Künstlern. Viele Bilder zeigen die alte Brücke.

Vom Camarad-Keller aus sind es nur noch ein paar Schritte bis zum Checkpoint Charlie am Hitplatz, dem Symbol für die Teilung der Stadt. Es ist wie vor zwölf Monaten: zweihundertfünfzig Menschen dürfen täglich passieren, Männer im wehrfähigen Alter sind ausgenommen – wobei aus dem Westen meist nur Muslime in den Ostteil zu Besuch kommen, die Quote von zweihundertfünfzig wird in dieser Richtung nie ausgenutzt. Für die Muslime bedeutet das, noch immer eingeschlossen zu sein, während die Kroaten im Westen jederzeit überall hinreisen können. In den vergangenen Monaten hat die Administration den Kreis jener erweitern können, die – ausgestattet mit EU-Pässen – jederzeit die Seiten wechseln dürfen. Das sind Ärzte und Journalisten, Übersetzer und Arbeiter, die wegen ihrer Projekte ständig in den Westen müssen.

Meistens herrscht an den Checkpoints eine gelöste Atmosphäre, doch klagen einige Mostarer über Schikanen. »Manche der Grenzposten verhalten sich schlimm, so als sei der Krieg nicht vorbei«, berichtet ein WEU-Polizist. »Aber nachts, wenn sie unter sich sind, spielen sie am Checkpoint zusammen Fußball. Da ist dann alles vergessen.« Auch seine Kollegen ärgern sich über die Zustände

an den Kontrollpunkten, besonders jenen an den Stadt-
grenzen, wo sie tatenlos dabeistehen müssen, wenn die
einheimische Polizei ihre Kontrollen nicht ernst nimmt
und mitunter bewaffnete Bekannte passieren läßt.

»Warum sind wir hier?« fragten die Polizisten. Und weil
nun auch noch öfter Granaten fallen, sprechen einige von
der Abreise. »In letzter Zeit ist es schon ein paarmal knapp
ausgegangen. Was ist, wenn einer von uns getroffen wird?
Ich mache nur noch Dienst nach Vorschrift.« Die Einstellung in Mostar ihnen gegenüber hat sich kaum geändert:
»Im Osten werden wir freundlich begrüßt, aber im Westen
begegnen uns manche sehr feindselig. Ständig sehen wir
den gestreckten Mittelfinger!« In einigen Lokalen haben
sie schlechte Erfahrungen gemacht. »Da wird einem schon
mal mit vorgehaltener Waffe bedeutet, daß man nicht erwünscht ist. Aber manchmal denke ich, daß es doch einiges nützt, daß wir hier sind. Da trauen die sich nicht alles,
was sie sonst tun würden.«

Nach dem Durchbruch im April haben sich die Kroaten
tatsächlich an der Einrichtung des Einsatzzentrums für die
Polizei beteiligt. Aber weitere Schritte zur einheitlichen
Polizei sind ausgeblieben. Noch immer gibt es mehr als
3000 Polizisten in der Stadt, höchstens 600 werden gebraucht. Aber wohl die wenigsten waren auch vor dem
Krieg Polizisten. Die anderen sind Flüchtlinge und – wie
vermutet wird – oft ehemalige Soldaten oder Angehörige
der Banden, die ihre Freunde von einst augenzwinkernd
begrüßen. Einige rühmen sich freimütig ihrer Taten im
Krieg. Stolz erzählen sie sich von ihren Vergewaltigungs-
zügen und Mordtaten. »Viele der ausgebildeten Polizisten
wünschen sich, endlich gegen Verbrecher einschreiten zu
können. Sie klagen sehr über die Befehle von oben.«

Besonders gern demonstrieren kroatische, aber zunehmend auch bosnisch-muslimische Polizisten ihre Macht gegenüber den ausländischen Helfern. An den Checkpoints und rund um das Hotel Ero halten sie Ausländer gern auf und kontrollieren die Papiere. Mit stoischer Ruhe lassen die Mitarbeiter der Hilfsorganisationen die Kontrollen über sich ergehen. »Protestieren hilft nichts, da brauchen sie nur länger.« Und gern entdecken manche Polizisten Mängel an Autos, um Bußgelder in D-Mark zu kassieren.

In den letzten Wochen sind auch wieder häufiger Menschen in West-Mostar aus ihren Wohnungen geworfen worden. Die EU-Administration steht dem offenbar machtlos gegenüber. Aus heiterem Himmel wird verfügt, daß die Wohnung nun einem anderen zusteht; die Mieter haben oft nicht einmal die Zeit, ihre Sachen zu packen. Verzweifelt sprechen sie bei der Administration vor. Mit Hilfe der WEU-Polizei und auch einheimischer Polizisten erhalten die Vertriebenen in einigen wenigen Fällen noch einmal Zugang zu den Wohnungen, um zumindest Dokumente und Familienfotos an sich zu nehmen. Doch wenn die neuen Bewohner den Zugang verweigern, läßt sich nichts machen. »Wenn das Fotoalbum weg ist, gehört das für viele zum Schlimmsten«, sagt eine EU-Mitarbeiterin. »Es ist, als werde die Erinnerung gestohlen, wenn die Bilder von der Hochzeit, dem Kindergeburtstag oder vom letzten richtigen Urlaub verschwinden.« Am Ende kann die Administration die Fälle nur registrieren, den Vertriebenen bleibt nur der Weg zu Verwandten oder Bekannten.

Und noch immer passiert es, daß Hilfsorganisationen in Mostar Autos gestohlen werden – auch im Ostteil. Manche Ausländer zeigen sogar Verständnis. »Wenn die Hilfsor-

ganisationen hier mit kugelsicheren Landrovern fahren,
muß das für alle verlockend sein. Solche Autos kann man
im Krieg gut gebrauchen.« Eine Organisation sei sogar
schon freundlicherweise gewarnt worden, sie solle ihre
Wagen besser unterstellen; der Hinweis lautete: »Sonst
müssen wir die klauen.« Manchmal, so wird erzählt, kann
es helfen, Druck auszuüben. »Ein Projektleiter hat gedroht,
seine Arbeit einzustellen, wenn ein gestohlenes Auto sich
nicht wieder einfindet, und hat es wirklich zurückbekom-
men.«

Von Korruption ist die Rede, von Politikern und Unter-
nehmern, die sich vielleicht auf Kosten der EU bereichern.
»Die wissen, daß wir nur noch ein Jahr da sind, und wollen nun in den verbleibenden zwölf Monaten möglichst
viel herausholen.« Die Klagen werden nicht offen formu-
liert und spiegeln wohl vornehmlich die Frustration darüber wieder, daß bei Mostarer Behörden eine manchmal
erdrückende Normalität eingezogen ist, zu der auch Bürokratie, Schlendrian und mitunter Schikane gehören können. Am Ende der Klagen steht zumeist das Bekenntnis,
dennoch bleiben zu wollen. Fast jeder kann von unver-
geßlichen Erlebnissen mit Muslimen und Kroaten berichten, unermeßlichen Bezeugungen von Dankbarkeit und
Freundschaft. »Gerade bei den Ärmsten erlebst du oft, wie
sie alles auftischen, was sie haben, nur um ihre Verbun-
denheit zu zeigen und dabei auch in der größten Armut
ihren Stolz zu wahren.«

Dennoch ist Alltag eingekehrt im Projekt Mostar. Auch
im Hotel Ero kann man das spüren. Es ist ein verrückter
Alltag, zu dem die Granaten gehören, die manchmal nur
wenige Meter vom Hotel entfernt fallen. Das »Raki-
Schießen« gehört dazu, jenes nächtliche Geballer mit

Maschinengewehren, das oft nachts in der Nähe des Hotel Ero zu hören ist, manchmal begleitet vom Gegröle aus Männerkehlen. Die Einheimischen wie auch die meisten EU-Mitarbeiter drehen sich nicht einmal mehr um, wenn sie es aus der Entfernung knattern hören. »Ach, das ist nichts«, beruhigt Hans Koschnick seine Besucher aus Deutschland, als am 23. Juli, dem Jahrestag seiner Einführung in Mostar, ganz in der Nähe des Hotelgartens Schüsse dröhnen. »Die schießen in die Luft.« Vielleicht haben sie zuviel Raki, also Schnaps, getrunken.

In Rick´s Café im Hotel Ero geht es viel ruhiger zu als vor Monaten. Es kommen weniger Besucher, und auch die EU-Mitarbeiter halten sich seltener im Erdgeschoß des Hotels auf. Man geht zum Essen öfter in die Stadt – einige nur nach Ost-Mostar, weil sie dort mehr Gastfreundschaft empfinden, andere eher in den Westen, der mehr Komfort bietet. Gerade der Kreis um Koschnick und seine engsten Mitarbeiter scheint sich im Osten Mostars wohler und sicherer zu fühlen, dort erinnert noch mehr an das alte, Fremden gegenüber offene Mostar. Koschnick betont aber, er gehe manchmal gezielt in die Kneipen, wo sich auch Angehörige der kroatischen Armee treffen.

Wer nur in den Westen geht, vielleicht noch dort Tennis spielt, wird von manchen idealistischen Mitarbeitern der regierungsunabhängigen Hilfsorganisationen (NGOs) kritisch betrachtet. »Einige im Ero kennen die Lage im Osten gar nicht. Sie interessieren sich auch nicht für das Elend der Leute, vielleicht können sie den Anblick nicht ertragen. Die machen hier einfach ihren Job, sonst nichts. Und den machen sie von neun bis fünf Uhr.« Über Technokraten wird geschimpft, die hier eine lukrative Beschäftigung sähen; und es mag sein, daß sich unter den Mitarbeitern manche mit solcher Einstellung befinden. »Aber sagen Sie nichts gegen die Technokraten«, so der Jurist Hans Birchler. »Die bringen oft mehr zustande als Idealisten.«

An Wochenenden leert sich das Hotel Ero, wenn ein großer Teil der Mitarbeiter ans Meer fährt. Die hektische, anstrengende Anfangszeit, als fast alle rund um die Uhr im Einsatz waren, fordert ihren Tribut. Viele spüren die Erschöpfung, auch Hans Koschnick, der müder wirkt und gerade in der Sommerhitze auf seinen Kreislauf achten muß. »Ja, die letzten Monate haben Kraft gekostet. Aber ich kann doch nicht im Ernst am Sonntag zum Strand fahren! Was ist das für eine absurde Situation: Die Bodyguards bleiben in voller Montur draußen und passen auf, daß mich die Haifische nicht fressen? Das wäre für niemanden ein Spaß.«

Nach einem Jahr treffen die ersten Ablösungen in Mostar ein; auch der Ressortleiter für Schule und Kultur aus Österreich, Helmut Bachmann, verläßt Mostar. »Ich wäre gern geblieben, aber ich hatte eine Art Vertrag mit meiner Frau und meinen Kindern. Dazu gehörte, daß ich nach einem Jahr wieder zu Hause sein würde. Ganz sicher ist, daß mir diese Zeit immer in Erinnerung bleiben wird, so, wie man sich nach dreißig Jahren noch an die Abiturklasse erinnern kann. Die Arbeit für diese Stadt hat Freude gemacht. Manche sprechen ja sogar von einem Mostar-Virus.«

Bachmann zieht eine zwiespältige Bilanz. »Die materielle Wiederherstellung von Schulen und Kindergärten ist wunderbar vorangegangen. Spätestens im März werden alle Grundschulen fertig sein. Nun wird auch an Moscheen und am bischöflichen Ordinariat gebaut, den Kindergärten und vielem anderen. Unser Problem ist der Aufbau von gemeinsamen Schulen fur Ost und West.« So sind die Pläne, das alte Gymnasium wieder aufzubauen, wohl endgültig gescheitert. »Die Kroaten haben halt ständig blockiert. Damit konnte keiner rechnen, und was die Zusammenführung der Stadt angeht, haben wir wohl zuviel erwartet. Ich glaube, die hiesige Führung kann nicht so direkt von Zagreb gesteuert werden, wie manche es vermuten.« Alle Versuche, gemeinsame Kulturveranstaltungen von Ost und West zu organisieren, sind gescheitert. »Das ist schon merkwürdig: Im Ausland geht das. Da haben wir in Österreich in Graz und Villach eine Sommer-Uni gemacht und die Leute von hier eingeladen. Die haben ohne Probleme zusammengesessen.«

Die Administration versucht häufiger, die Politiker und Verwaltungsvertreter beider Seiten auch im Ausland auf Studienreisen zusammenzubringen, wo sie abseits von allen Bindungen und fern vom Krieg vielleicht unbefangener aufeinander zugehen können. Und tatsächlich wird von Reisegruppen berichtet, sie hätten sich wieder vermischt, als hätten sie hinter der Stadtgrenze von Mostar alle Nationalitätsgefühle abgeschüttelt. Nur herrscht Skepsis darüber, wie lange solche Gefühle anhalten.

»Auf der persönlichen Ebene klappt es häufig viel besser«, sagt Norbert Winterstein, der Verwaltungsfachmann aus Deutschland, der die Stadtverwaltungen zusammenführen soll. Aber er weiß auch, daß er behutsam vorgehen muß, weil er immer deutlicher spürte, wie sehr bei dem Mostar-Projekt zwei Systeme aufeinanderprallen: »Da steht die Demokratie, wie wir sie kennen, gegen die Tradition des Ein-Parteien-Staats. Das ganze Klima ist anders: Es gibt eine viel größere Obrigkeitstreue, hier sagt man

Dinge nicht offen, wartet erst einmal ab. Das erlebe ich jeden Tag.« Manchmal betonen die Mostarer gegenüber der
Verwaltung sogar diese Unterschiede und werben ihrerseits um Verständnis. »Da sind wir mit einer Gruppe
führender Leute nach Deutschland gefahren, damit sie ein
wenig über unser System der Stadtverwaltung erfahren.
Als wir dann hinterher fragten, wie es ihnen gefallen hat,
hieß es: sehr gut. Aber das Programm war ihnen zu voll-
gepackt, da hatten sie Schwierigkeiten mit unserer Mentalität.«

Inzwischen bekommt Winterstein bei einigen in den Verwaltungen das Bestreben zu spüren, in der verbleibenden
Zeit möglichst viele Anträge bei der EU zu stellen, um
Geld herauszuholen. Vertreter aus verschiedenen Ländern
Europas kämen, um die Ost- und West-Mostarer zu beraten und dann an den Geschäften zu verdienen. »Manche
Anträge lesen sich wie Wunschzettel an den Weihnachts-
mann. Aber das muß man wohl auch verstehen – die wissen, daß wir im Juli 1996 gehen werden. Wir prüfen streng,
ob die Bedürfnisse wirklich da sind.« 61 Millionen Mark
betrug das Budget der Administration 1994, für 1995 liegt
es bei 152 Millionen Mark. Zusätzlich werden erhebliche
Beträge von NGOs und aus diversen Spendentöpfen in
Mostar investiert.

Winterstein sieht die Administration zu Anfang ihres
zweiten Jahres vor der entscheidenden Phase. Im Herbst
muß sich zeigen, ob die beiden Seiten sich zu Wahlen für
die Stadtführung, wie sie nach dem *Memorandum of understanding* vorgesehen sind, bereitfinden. »Die Parlamente
haben eigentlich keine Legitimität mehr. Seit den letzten
Wahlen aus Vorkriegszeiten hat sich so viel verändert. Es
sind Leute vertrieben oder ausgeschlossen worden, frei-

willig gegangen oder gestorben. Die Schicht der Elite wird immer dünner. Und die beiden wichtigen Parteien haben ein bißchen Angst vor den Wahlen. Sie wissen nicht, wie das Ganze ausgeht.«

Und die neuen Verwaltungsgrenzen müssen diskutiert werden: Wird die Stadt geteilt bleiben, mit einer Ost- und einer Westverwaltung und nur einem sehr dünnen gemeinsamen Dach? Oder kann die Teilung doch noch überwunden werden? Wie wird alles ausgehen?

Nicht wenige sprechen schon jetzt von einem Scheitern des Projekts an seinen Umständen. »Die Kroaten wollen einfach nicht. Und weil rundherum Krieg ist, fühlt sich niemand zu konstruktivem Handeln gezwungen.« Die Skeptiker suchen nach Fehlern, fragen etwa, ob es möglich gewesen wäre, andere als die Machthaber der Kriegszeit als Gesprächspartner zu wählen. Sie denken an Länder wie die frühere Tschechoslowakei, wo im »Prager Forum« gezielt die Opposition an den Reformen beteiligt wurde. Nur hätte die EU-Administration dann wohl wieder vor dem Problem gestanden, solche Initiativen gegen das Militär und die lokalen Machthaber durchzusetzen.

Es gibt jedoch auch Kräfte in der Administration, die Anzeichen sehen, daß die Hardliner langsam an den Rand gedrängt werden können. »Wenn wir Arbeit für die Leute finden und die Polizeivereinigung vorantreiben, wird es immer schwerer für die Hardliner, destruktiv zu sein«, sagt ein Mitarbeiter. »Mit solchen Erfolgen ließen sie sich entkräften.« Und die Zyniker behaupten wiederum: »Ganz egal, wie es ausgeht. Am Ende wird Europa das Projekt Mostar als Erfolg verkaufen, schließlich war dies die einzige eigenständige Unternehmung der EU auf dem Balkan mit einer Aussicht auf Erfolg.«

Und dann wird wieder vom baldigen Ende geredet; schon werden die Evakuierungspläne auf den Gängen und bei den NGOs in der Stadt diskutiert. »Aber das ist wie immer erst einmal nur Gerede«, sagt eine der jungen Sekretärinnen aus dem EU-Stab, als das Gespräch auf die nächste Zukunft kommt. »So oft schon hieß es: In zwei Wochen müssen wir gehen. Und nichts ist passiert.« Eine Kollegin schließt sich an: »Oder als im April der Waffenstillstand auslief. Da haben sich alle vorher verrückt gemacht: Im April sei alles vorbei. Dabei kannst du nichts wissen. Es ist alles unberechenbar.«

Kapitel 16

Hans Koschnick: Wir werden hier weiter gebraucht

Ende Juli 1995

In diesem Sommer hat sich die Situation in Bosnien-Herzegowina dramatisch zugespitzt – und das bekommen wir auch in Mostar zu spüren. Wir spüren es in Form von Granaten, die von der serbischen Seite vor allem auf Ost-Mostar abgeschossen werden; und wir müssen auch damit leben, daß darüber nachgedacht wird, das internationale Engagement in Bosnien zu beenden. Es besteht zumindest die Möglichkeit, daß die Vereinten Nationen ihre Blauhelmsoldaten abziehen. Wenn sie sich dazu entschließen sollten, müßten auch wir hier weggehen. Wir brauchen den Schutz des spanischen UNO-Bataillons SPABAT, das hier in Mostar stationiert ist.

Aber ich lehne es ab, mich an solchen Spekulationen zu beteiligen. Der internationale Einsatz in Bosnien wird gebraucht; die Welt kann diesen Krieg nicht sich selbst überlassen. Wenn Europa sich von hier zurückzieht, gibt es sich selbst auf. Bedrängte Städte wie Sarajewo und Gorazde, die man zu Schutzzonen erklärt hat, dürfen nicht fallen. Allerdings reichen dazu keine großen vollmundigen Erklärungen, wie wir sie immer wieder gehört haben von verschiedenen Ministern und aus den Gremien der UN. Mit leeren Versprechungen an die bosnische Bevölkerung muß Schluß sein. Wichtig wäre es, die Wahrheit zu sagen und eine klare Linie zu vertreten. Das könnte in letzter

Konsequenz auch bedeuten, daß man sagt: Sorry, Leute, wir ziehen ab, wir können euch nicht helfen. – Aber ich sage jedem offen, daß ich dies für einen folgenschweren Fehler hielte.

Das gleiche gilt für Mostar: Wir werden hier weiter gebraucht. Wir haben gewiß Probleme, es sieht immer wieder einmal so aus, als ginge überhaupt nichts mehr voran, und es ist nicht ausgeschlossen, daß wir einmal sagen müssen: Der Versuch war es wert, aber wir sind gescheitert in unserem Auftrag, die Menschen in der Stadt zusammenzuführen. Noch aber ist es nicht soweit. Und wir dürfen uns nicht daran beteiligen, wenn andere Panik verbreiten. Wir müssen ein deutliches Signal geben, daß wir uns für diese Stadt verantwortlich fühlen und zu ihren Bürgern stehen wollen. Die Granaten verbreiten Angst und rufen schlimme Erinnerungen wach. Aber ich glaube nicht, daß die Muslime wirklich einen Eroberungsversuch der Serben befürchten müssen. Das ist im Moment nicht im serbischen Interesse. Vielmehr gibt es die schon oft beschriebene offenkundige Strategie: Wenn die Serben Verluste erleiden, zum Beispiel in der Nähe von Sarajewo, antworten sie woanders mit Terror.

Die politischen Vertreter der Muslime kommen zu uns und fragen: Was macht die EU gegen die Granaten? Ich antworte ihnen, daß die Europäische Administration protestieren kann, aber wegen der Granaten auf Mostar nicht Krieg führen wird. Das ist auch nie versprochen worden. Mostar ist keine UNO-Schutzzone. Ich kann nur versprechen, daß ich nicht weggehe. Ich bin nicht hergekommen, um wegzulaufen. Das ist der Stand im Moment. Andererseits habe ich jedoch eine Verantwortung für meine Mitarbeiter und die vielen oft sehr jungen Leute von den NGOs;

da könnte es dazu kommen, daß wir ihnen sagen müßten, es nützt nichts, ihr müßt nach Hause.

Doch jetzt stelle ich mich noch nicht darauf ein. Das habe ich auch jenen deutschen Innenministern signalisiert, die darüber nachdenken, ihre Polizisten aufgrund der Lage – und auch wegen der Probleme beim Aufbau der Polizei in Mostar – abzuziehen. So etwas wäre der vorweggenommene UNPROFOR-Abzug in Mostar. Gewiß wäre es sehr traurig, wenn Polizisten von Granaten getroffen würden – aber man hat von Beginn an gewußt, daß die Lage hier nicht vollkommen entspannt ist, daß es also ein Risiko gibt, so wie es im übrigen auch im Polizeidienst zu Hause Risiken gibt.

Ich setze mich lieber dafür ein, daß die Polizisten besseren Schutz erhalten, etwa gepanzerte Fahrzeuge. Aber die Polizisten sollten bleiben: Wenn die Menschen hier in der Stadt nicht mehr damit rechnen müssen, daß vielleicht schon morgen der Krieg zwischen Muslimen und Kroaten wieder ausbricht, so ist das auch ganz wesentlich der Präsenz der WEU-Polizisten zu danken. Sie zeigen mit ihrer Anwesenheit, daß Europa den Mostarern helfen will.

Gerade im letzten Vierteljahr hat es Fortschritte gegeben: die gemeinsame Einsatzzentrale mit Verbindungsbeamten von beiden Seiten, gemeinsame Streifengänge und die Betreuung von Polizeiwachen in den Stadtteilen. Jetzt müssen wir die zweite Stufe der Polizei-Zusammenführung anstreben; das bedeutet, Ost und West überhaupt enger zusammenzubringen. Es gibt eine Menge Polizeibeamter auf beiden Seiten, die durchaus zusammenarbeiten wollen. Sie wollen die Verbrechen wirklich bekämpfen – zumal sie immer mehr spüren, wie die Banden von beiden Seiten kooperieren. Und es sind in Mostar einfach zu viele

Waffen in zivilen Händen. Wie gefährlich das ist, bekamen wir zu spüren, als im Mai eine junge spanische Ärztin von einem vermutlich Geistesgestörten erschossen wurde. Die Frau war gerade in Mostar angekommen...

Zu den positiven Ansätzen gehört auch ein besonderes Agreement, das beide Seiten über eine gemeinsame Bekämpfung des organisierten Kraftfahrzeugdiebstahls geschlossen haben. Noch müssen wir abwarten, wie sie das umsetzen. Die Polizei stößt an die Grenzen ihrer Möglichkeiten, wenn Fahrzeuge mit Gewalt der einen oder der anderen Armee zugeführt werden, also der kroatischen HVO oder der BiH-Armija, der bosnischen Armee. Wenn das Militär involviert ist, müssen sie sich beugen, würden wohl auch gar nicht erst wagen, Rückgrat zu zeigen. Wir leben hier in einer Kriegssituation. Das dürfen wir nicht vergessen. Als ich zum Administrator bestellt wurde, hatte man gehofft, daß alles schon ein wenig entspannter sein würde. Das war ein Irrtum.

Daran müssen wir denken, wenn wir auf das erste Jahr zurückblicken. Ich glaube, wir haben hier in Mostar, was den Wiederaufbau angeht, in einem Jahr mehr erreicht als damals, nach dem Kriegsende 1945, in einem Jahr zu Hause. Mostar ist heute eine andere Stadt als vor einem Jahr. Das kann jeder auf den ersten Blick sehen – trotz der vielen verbliebenen Ruinen. Wir haben die Mostarer dabei unterstützt, private Häuser, Schulen und Kindergärten zu reparieren, oder haben dem UNHCR in Notfällen bei der Versorgung der Menschen mit Lebensmitteln ausgeholfen und die Landwirtschaft beim Wiederaufbau mit Saatgut aktiv gefördert. Es gibt sieben neue Buslinien (wenn auch noch nicht von Ost nach West), zwei Brücken sind wiedereröffnet.

Beim Wiederaufbau der Wirtschaft werden die Erfolge erst in diesem Herbst zu sehen sein, wenn einige hundert neue Arbeitsplätze entstanden sein dürften. Dafür haben wir rund achtzig mittlere Unternehmen unterstützt und dreihundert kleinere Läden. Jetzt müssen die beiden Seiten dafür sorgen, daß die Industrie wieder in Gang kommt. Ich versuche eine Lösung für die Wiederinbetriebnahme des Salakovac-Wasserkraftwerks zu vermitteln, das außerhalb unserer Verwaltungsgrenzen liegt, dessen Energie wir aber im ganzen Neretva-Tal dringend brauchten. Ich denke, wenn es wieder Arbeit für die Menschen hier geben wird, wird sich vieles entspannen. Wer ein gutes Einkommen hat, wird hier nicht weggehen wollen und wird versuchen, den Krieg zu vergessen. Bedenken wir: Sehr viele, die nach Deutschland gegangen sind, vermissen ihre Heimatstadt.

Leider hat es bei der Zusammenführung der Stadt, wie über das Jahr zu sehen war, größere Schwierigkeiten gegeben. Sie waren fast vorhersehbar, nachdem die lokalen Führer der Kroaten schon gleich nach den Verhandlungen über das *Memorandum of understanding*, unsere Arbeitsgrundlage, der Idee der Administration mit Mißtrauen begegneten. Ohne Druck aus Zagreb wäre es wohl nie zur Unterzeichnung gekommen. Noch heute empfinden uns einige der Führungspersönlichkeiten als eine Art Kolonialmacht, die sie nur widerwillig akzeptieren mögen. So gab es die bekannten ständigen Konflikte um die Polizei, um die Bewegungsfreiheit für die Muslime, die Rückkehr der Vertriebenen und generell die politische Vereinigung der Stadt.

Wir müssen also in den nächsten Monaten sehen, ob sich hier etwas bewegt. Ich habe die Regierungen der Europäischen Union bereits eindringlich um Unterstützung gebeten – denn ohne Druck aus Europa werden wir das Ziel der gemeinsamen Stadt nicht erreichen.

Gerade in den letzten Monaten bin ich von Kollegen aus der Administration oft gefragt worden, weshalb ich gegenüber den Kroaten – und manchmal auch den Muslimen – nicht öfter mit der Faust auf den Tisch haue. Aber ich kann mich hier nicht als Protektor aufführen; Dekrete und Verordnungen sind Mittel, die nur im äußersten Notfall eingesetzt werden können. Wir hatten zum Beispiel das Dekret gegen die Räumung von Wohnungen. Danach gab es für kurze Zeit in dieser Frage tatsächlich eine Entspannung; aber nun hatten wir schon wieder einhundertundfünfzig Fälle, hauptsächlich auf der kroatischen Seite, in denen Menschen aus ihren Wohnungen geworfen wurden. Ohne ausreichende polizeiliche Mittel sind wir da machtlos.

Dekrete helfen mir nur dann etwas, wenn ich auch die Macht habe, sie durchzusetzen. Ich frage meine »Heads« also immer wieder: Wo sind denn die Armeen, die mich stärken? – Wir haben keine eigene Gerichtsbarkeit, hier gelten noch zweierlei Gesetze, nämlich jene der Republik Bosnien-Herzegowina und jene von *Herzeg-Bosna*, dem international nicht anerkannten bosnisch-kroatischen Staat, der immer noch weiter existiert. Diese verschiedenen Gesetze stehen sich teilweise diametral entgegen. Deshalb ist es so dringend erforderlich, daß die bosnisch-kroatische Föderation endlich umgesetzt wird.

Ansonsten bin ich auf die Hilfsbereitschaft der kroatischen Polizei angewiesen – und wenn da geblockt wird, kann ich nicht einfach auf den Tisch hauen; das beeindruckt die wenig. Selbstverständlich ist das bedrückend, manchmal würde ich gern heftiger durchgreifen. Ich kann es nicht gut ertragen, wenn hier Menschen Unrecht zugefügt wird und ich dem nicht wirkungsvoll entgegentreten kann. Aber mir bleibt in den konkreten Fällen nur der Weg über den Konsens. Letztlich arbeiten meine »Heads« nach dem gleichen Prinzip; auch bei den Schulen, der Verwaltung oder in Kulturfragen müssen sie sich um Kompromisse bemühen. Wir wissen doch, daß wir keine Chance haben, wenn eine Seite total blockiert. Gewiß könnten wir sagen: Gut, wenn die Kroaten nicht wollen, dann geben wir eben keine Mittel mehr an die Westseite und helfen nur noch dem Osten. Entsprechende Vorschläge gibt es. Aber jeder kann sich doch leicht ausmalen, was dann passiert: Sobald ich den Westen nicht mehr beliefere, kriege ich keine Fuhre mehr in den Ostteil, nicht einen Lastwagen mit Mehl. Die Muslime sind auf die Kroaten angewiesen – und mit ihnen sind es alle, die ihnen helfen wollen.

Es reicht ein Blick auf die Landkarte, um die Situation zu erkennen: Von der kroatischen Grenze bis nach Mostar müssen wir durch das von der kroatischen HVO-Armee beherrschte Gebiet. Und das wissen alle hier – auf beiden Seiten. Nun hat die bosnische Seite schon mehrfach gefordert, ich solle doch ein Zeichen setzen: »Machen Sie es! Stellen Sie die Kroaten bloß, dann haben wir jedenfalls einen Öffentlichkeitseffekt.« Aber ich weiß aus meiner langjährigen Erfahrung als Bürgermeister, wie wenig solche Öffentlichkeitseffekte wirken: maximal eine Woche, bis zum nächsten Magazin, das erscheint – dann ist es vorbei. Genau das aber möchte ich nicht. Ich möchte Ergebnisse, keine Propaganda.

Hinzu kommt ein weiterer sehr wichtiger Aspekt: Ich will die Hilfe für West-Mostar auch deshalb nicht einstellen, weil dort unsere Unterstützung ebenso gebraucht wird. Auch dort leben viele in Not, und es ist meine Aufgabe, ihnen zu helfen. Ich kann doch nicht sagen, ich baue im Westen keine Schulen mehr, weil es eine kleine Gruppe von Hardlinern gibt, die das Zusammenleben nicht wollen. Sollen Kinder in ihrer Entwicklung noch weiter geschädigt werden, die doch schon zwei Jahre durch die Kriegszeit verloren haben?

Einige hier tun gern so, als sei das Geld, das wir in Mostar investieren können, schon ihres und als könnten sie frei entscheiden, wofür es ausgegeben wird. Da muß man manchmal deutlich machen, daß es sich um das Geld von europäischen Steuerzahlern handelt und ein Auftrag damit verbunden ist. So habe ich einigen NGOs geraten, ihr Geld eben woanders zu investieren, wenn ihnen in Mostar zu viele Schwierigkeiten bereitet werden. In dreißig Kilometern Entfernung sind die Menschen dankbar, wenn die NGOs kommen. Und so ist es mitunter auch passiert. Daraufhin ist die Verwaltung der einen oder anderen Stadthälfte zu mir gekommen und hat gefordert, daß wir einspringen sollten nach dem Abzug der NGOs. Das war dann sehr lehrreich, wenn sie erfahren mußten, daß wir solche Verluste nicht ersetzen.

Wenn ich zurückblicke, sehe ich nur einen größeren Fehler, den ich gemacht habe: Ich hätte in unserer Anfangszeit versuchen sollen, in der Frage der Bewegungsfreiheit mehr durchzusetzen, bevor sich das so verfestigte, wie es dann in den folgenden Monaten geschah. Bei unserem Antritt hier bestand die Chance dazu, denn in beiden Stadthälften herrschte noch eine gewisse Unsicherheit, was von uns zu erwarten war: Damit war auch eine Art Respekt vor dem Ungewissen verbunden. Vielleicht hätte ich die Bewegungsfreiheit erzwingen können. Aber dafür hätte ich gleich im Juli, August 1994 die Polizisten aus Europa gebraucht, die viel zu spät kamen. Nur mit den zwei Spaniern für den Innendienst und meinen Bodyguards hat sich so etwas nicht umsetzen lassen. Und mehr Polizisten hatten wir damals nicht, die WEU hat einfach zu spät gehandelt!

Über die Monate hat sich dann vieles verfestigt, und es sind teilweise starre Strukturen entstanden. In dieser Hinsicht müssen wir übrigens auch bei uns in der Administration aufpassen. Es gibt unverkennbar eine Tendenz, immer mehr Formulare und Arbeitspapiere herzustellen, Studien in Auftrag zu geben, überhaupt lange bürokratische Traktate zu verfassen. Das mag wohl auch eine normale Entwicklung sein für eine Einrichtung, die aus dem Nichts entsteht und langsam ihre Abläufe entwickeln muß: Je größer der Laden wird, desto mehr Regeln sind zu beachten.

In den ersten zwei, drei Monaten haben wir vieles gemacht, ohne immer auf alle Regeln der Europäischen Union zu achten. Das wurde auch in Brüssel akzeptiert, weil es wichtig war, schnell Hilfe zu leisten. Heute aber müssen wir die bürokratischen Vorgaben einhalten – wir gehen schließlich mit Steuergeldern um. Aber deshalb muß man Entscheidungen noch lange nicht verschleppen – gegen solche Tendenzen stemme ich mich.

Ich will, daß die Häuser fertig werden. Wir brauchen zum Beispiel schnell eine neue Unterkunft für die geistig Verwirrten im Ostteil, die in einem verwahrlosten Atombunker leben. Wer sieht, wie die Menschen dort untergebracht sind, erkennt sofort, daß sie dringend Sonne und Licht brauchen, also aus dem Bunker raus müssen.

Ich frage auch die Behörden der Ostseite, die mitunter Dinge verschleppen: Warum diskutieren wir wochen- und monatelang, warum wägen wir immer wieder ab, wenn offenkundig ist, daß etwas geschehen muß? –

Wir brauchen möglichst wenig Komitteesitzungen. Es wäre vielleicht für manche Leute in der Administration gut, wenn sie sich einfach mehr auf der Straße zeigten und mit den Mostarern sprächen. Ich gehe immer wieder durch Mostar, fahre zu den verschiedenen Projekten, spreche mit den Leuten. Nur so bekommt man einen unmittelbaren Eindruck von der Not, vom Bedarf, dringend etwas aufzubauen. Vor kurzem hatten wir einen Lokaltermin in Ost-Mostar und sprachen über das Nationaltheater, das wieder errichtet werden soll. Da kommt eine alte Dame im Kittel auf mich zu und sagt: »Gospodin Hassan, ich lebe immer noch im Keller. Ich bin neunundsiebzig Jahre alt. Weißt du noch, daß wir hier so leben müssen?« Dann muß ich den Leuten in Ost-Mostar Dampf machen und erklären, daß es erst um die Menschen in den Trümmern geht, dann um das Theater. Ich habe sie gefragt: Wann endlich kommt der Vorschlag für einen Platz, wo wir das Altersheim bauen können?

Ich gebe zu, ich werde bei solchen Gelegenheiten leicht ungeduldig und manchmal ungnädig. Es hat in den zwölf Monaten immer wieder Reibereien mit meinen Mitarbeitern gegeben, weil ich manchmal ein wenig cholerisch bin. Es hat vielleicht damit zu tun, daß ich draußen mit Zurückhaltung reagieren muß, die Wut oder Enttäuschung also nicht zeigen darf. Es gehört zu meiner Aufgabe, Optimismus zu verbreiten, die Leute aufzumuntern. Dann sind hier in der Administration manchmal kleine Probleme Anlaß zu einem unnötigen Ausbruch. Meine Frau hat mir deswegen aus der Biographie von Winston Churchill einen Brief von Lady Churchill an ihren Mann aus der Zeit gleich zu Beginn seiner Tätigkeit als Premierminister im Kriege geschickt.

Sie schrieb:

»Mein Liebling. Ich hoffe, Du vergibst mir, wenn ich Dich auf etwas aufmerksam mache, was Du meiner Meinung nach wissen solltest ... Mein lieber Winston, ich habe in der letzten Zeit feststellen müssen, daß Deine Manieren und Dein Umgangston schlechter geworden sind. Du bist nicht so freundlich wie früher. Gewiß, es ist Deine Aufgabe, Befehle zu erteilen, und wenn sie nicht befolgt werden, kannst Du jeden beliebigen Mitarbeiter entlassen, bis auf den König, den Erzbischof von Canterbury und den Sprecher des Unterhauses. Daher ist es wichtig, daß diese unglaubliche Macht mit einer gewissen Urbanität, Güte und – wenn möglich – olympischen Ruhe ausgeübt wird. ... Ich kann es einfach nicht ertragen, daß die, die Deinem Land und Dir dienen, Dich nur bewundern und respektieren, nicht aber auch lieben ...«

Ich habe die Mahnung verstanden.

Meine Frau war zwar noch nie in Mostar, aber sie weiß recht genau, wie es hier zugeht. Ich denke, sie hört manches über die Mitarbeiter. Und wir telefonieren täglich, wenn die Telefonverbindungen nicht unterbrochen sind, morgens und abends. Und wann immer ich irgendwo hinreise, versuche ich zumindest einen Tag in Bremen einzulegen. Ich habe im Monat etwa eine Woche bei der Präsidentschaft der Europäischen Union oder bei anderen Organisationen zuzubringen, oder auch in Bonn. Dazu kommen Einladungen zu Vorträgen, wo ich versuche, deutlich zu machen, wie es hier vorangeht, und die einen oder anderen auch dazu zu bringen, das Projekt Mostar zu unterstützen.

Obwohl generell eine große Spendenmüdigkeit gegenüber Bosnien-Herzegowina herrscht, erfahren wir hier in Mostar auf Spendenaufrufe noch immer sehr positive Reaktionen. Nicht nur in Deutschland, sondern auch in anderen Teilen Europas wird nicht wenig Geld für Mostar gesammelt – vielleicht hat es damit zu tun, daß wir positive Signale setzen und garantieren, daß die Spendenbeiträge hundertprozentig bei den Objekten oder Hilfsbedürftigen ankommen – also nicht für Verwaltungskosten abgezweigt werden.

Ich weiß, daß es Leute gibt, die Bedenken haben. So erhalte ich Briefe, in denen mir vorgeworfen wird, den Kroaten zu helfen, obwohl sie doch Schlimmes angerichtet hätten, oder Sorgen geäußert werden, daß der nächste Konflikt alles wieder zerstören könnte… Aber ich glaube, die Leute spenden gern, wenn wir ihnen klarmachen, daß wir hier versuchen, neue Wege zu gehen. Zudem können wir dokumentieren, daß jede Mark, die wir erhalten, ohne Abstriche in die Projekte geht. Wenn Kinderschuhe gekauft worden sind, weil wir im Winter ständig Kinder ohne Schuhe gesehen haben, dann verteilen meine Mitarbeiter die auch selber. Und wenn in manchen Fällen tatsächlich Verwaltungskosten anfallen, übernehmen wir die Kosten privat. Wir werben auch nicht mit Anzeigen, sondern nur durch persönliches Engagement. Ich glaube, es beeindruckt die Leute, daß hier so viel Einsatz gezeigt wird – so wie von den jungen Frauen und Männern von »Schüler helfen Leben«, die nach dem Abitur ein Jahr lang beim Wiederaufbau helfen.

In Mostar zeigt sich, daß junge Menschen unwahr-
scheinlich viel leisten können, wenn eine Aufgabe sie über-
zeugend fordert. Es ist schön zu sehen, wie sich die
Abiturienten oder auch unsere Mitarbeiter, zum Beispiel
unsere Sekretärinnen, engagieren. Keine macht nur ihren
Job, alle suchen Kontakt in der Stadt und helfen, wo sie
können. Da gibt es die jungen Leute von *War Child*, die
zehn Stunden am Tag in ihrer Bäckerei an den heißen Öfen
stehen, und die spanischen Ärzte, die drei, vier Monate
hier umsonst arbeiten. Oder nehmen wir die jungen Männer vom THW: Sie alle sind in ihrer Art gegen den Strich
gebürstet, waren erst einmal mißtrauisch gegen alles, was
die Obrigkeit repräsentiert, auch gegen mich. Das hat sich
nun gelegt, die Zusammenarbeit ist großartig. Sie treiben
ihre Projekte voran und fragen nicht, ob es nun Samstag
oder Sonntag ist. Sie arbeiten. Und wenn etwas stockt,
dann kommen sie und bitten, daß ich mal ein wenig an-
schiebe. Manchmal denke ich, daß ich zu diesen jungen
Leuten einen vergleichbar guten Kontakt habe wie Groß-
eltern zu ihren Enkelkindern, die sie oft besser erreichen
als die Eltern. Ich habe hier viele Freunde unter jungen
Leuten gefunden. Mit denen läßt sich vieles schnell regeln.
Da sagt man: »Jungs, diese Wohnung müssen wir machen,
diese Frau ist ein wenig abgeschirmt worden von der Verwaltung, die braucht schnell Hilfe.« Und dann helfen die
Jungs vom THW eben auch schnell. Wir haben eine ganze
Menge kleiner Dinge so vorangebracht – ohne große
Dankesreden.

Manchmal habe ich von meinen Mitarbeitern zuviel verlangt. Das ist ein Fehler von mir – ich habe es versäumt
nachzudenken, ob die Leute um mich herum nicht einmal
eine Pause brauchen. Und weil ich durcharbeite und sie so

engagiert sind, machen sie ohne Klage immer weiter. Wohin das führen kann, hat mir der Unfall meiner engsten Mitarbeiterin und Sekretärin Dörte Kett gezeigt. Sie ist die gute Seele der Administration, zu ihr kommen die Leute, wenn sie Probleme haben, und sie ist für viele Journalisten und andere von außen die Ansprechpartnerin – zu ihr kommen die Leute auch, wenn sie Probleme mit mir und meinen gelegentlichen Ausbrüchen haben. Diese ständige Bereitschaft zur Mitarbeit und zum Zuhören kostet Kraft.

Dörte Kett hatte im Juni einen schweren Autounfall, den ich auf ihre Erschöpfung zurückführe. Als ich davon erfuhr, war ich gerade nicht in Mostar. Es war ein fürchterlicher Schock, zumal das Ausmaß der Verletzungen zunächst nicht absehbar war. Sie konnte mit Hilfe der hiesigen Ärzte und der UNPROFOR-Mediziner versorgt werden und wurde dann in ein Bonner Krankenhaus gebracht. Ihre schweren Knochenbrüche scheinen gut zu verheilen, mittlerweile ist sie auf eigenen Wunsch schon wieder nach Mostar gekommen. Ihr Unfall hat mir gezeigt, daß bei allem verständlichen Engagement dennoch auch ein wenig Entspannung und Freizeit nötig sind.

Auch ich spüre die Belastung, merke an der Müdigkeit, daß ich älter geworden bin, obwohl ich eine recht stabile Konstitution habe. Ich kann im Prinzip eine Menge durchhalten; aber nun merke ich, daß die Kraft etwas nachläßt. Nicht nur deshalb ist sicher, daß für mich im Juli 1996 der Abschied kommt. Darüber habe ich eine feste Absprache mit meiner Frau. Über die Jahre, die ich mich politisch engagiert habe, war sie immer die Leidtragende. Auch jetzt hat sie damit zu tun, daß sie viele Aufgaben für Mostar für mich zu Hause übernimmt. Sie sammelt Geld und hält an meiner Stelle Reden. Dennoch ist sie zuviel allein, und ich werde sie nicht über den 23. Juli 1996 hinaus auf mich warten lassen. Ich will im letzten Abschnitt meines Lebens endlich ein Privatleben führen und kulturell das nachholen, worauf wir lange – zu lange? – verzichtet haben.

Wir hatten uns ja eigentlich schon für 1994 vorgestellt, Europa mit dem Zug zu bereisen, in all die Orte zu fahren, von denen wir häufig nur die Konferenzsäle und Hotels gesehen haben. Das werden wir ab Mitte 1996 machen. Es wird sicher noch Aufgaben geben, die ich übernehme; ich engagiere mich für den Aufbau der Hochschule in Vechta und habe Aufsichtsratsposten bei den Bremer Stahlwerken und den Vulkanwerken übernommen. Beide Unternehmen sind von zentraler Bedeutung für die Arbeitnehmer und die Wirtschaft in Bremen. Ich werde also nicht in das Loch des Nichtstuns fallen, aber es soll nicht mehr so sein wie bisher – ab Juli 1996 wird ein neues Leben beginnen.

Abgesehen von meinen privaten Plänen wird es ohnehin keine Verlängerung dieses Mandats geben. Nach zwei Jahren – also im Juli 1996 – wird die Europäische Union hier aufhören und Bilanz ziehen. Eine Verlängerung würde die Gefahr in sich bergen, daß die einheimischen Bremser weiter verzögern, weil sie meinen, sie hätten noch viel mehr Zeit. So aber müssen sie sich der Tatsache stellen, daß auch sie Ende Juli 1996 an den Ergebnissen ihrer Zusammenarbeit gemessen werden.

Der Zeitdruck ist also durchaus nützlich. Denn es gibt in dieser Stadt einige Probleme, die nicht auf die lange Bank geschoben werden dürfen. Wir müssen sehr schnell etwas daran ändern, daß die Muslime weiter eingeschnürt bleiben. Zudem ist in der Stadt große Hoffnungslosigkeit aufgekommen. Immer mehr junge Leute wollen Mostar verlassen, und es ist schwer, ihnen Argumente entgegenzusetzen, solange sie quasi in Ghettos leben müssen. Wir haben bewußt Schwerpunkte gesetzt, als wir die Schulen und auch den Universitätsbetrieb gefördert haben, um den jungen Leuten eine Perspektive zu geben.

Aber nun brauchen wir die Öffnung der Stadt. Es darf hier keine neue Berliner Mauer mitten in Europa entstehen. Und ich bin fest davon überzeugt, daß es keine große Wanderung in der Stadt geben würde, sondern nur eine zaghafte Bewegung, sollten morgen die Schranken zwischen Ost- und West-Mostar fallen. Die jungen Leute würden sich die auch von uns geschaffenen Möglichkeiten in dieser Stadt und anderswo ansehen, und am Ende werden viele sagen: Aus dieser schönen Stadt kriegt mich keiner weg.